QUANTUM LEADERSHIP

量子领导力

用量子领导力做新世界商业领袖

王自力◎著

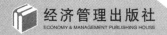

经济管理出版社
ECONOMY & MANAGEMENT PUBLISHING HOUSE

图书在版编目（CIP）数据

量子领导力 / 王自力著. —北京：经济管理出版社，2019.9

ISBN 978-7-5096-6823-8

Ⅰ.①量…　Ⅱ.①王…　Ⅲ.①企业领导学　Ⅳ.①F272.91

中国版本图书馆 CIP 数据核字（2019）第 165958 号

组稿编辑：韩　峰

责任编辑：张　艳　韩　峰

责任印制：黄章平

责任校对：张晓燕

出版发行：经济管理出版社
（北京市海淀区北蜂窝 8 号中雅大厦 A 座 11 层　100038）

网　　址：www. E-mp. com. cn

电　　话：（010）51915602

印　　刷：三河市延风印装有限公司

经　　销：新华书店

开　　本：720mm×1000mm /16

印　　张：13

字　　数：95 千字

版　　次：2019 年 9 月第 1 版　　2019 年 9 月第 1 次印刷

书　　号：ISBN 978-7-5096-6823-8

定　　价：48.00 元

量子时代，我们需要
全新的领导力

从牛顿物理时代到量子物理时代，我们正在经历着认知方式上的重大改变。无论是商界还是其他领域的领导者，都需要从根本上重构思维方式，以应对充满未知、复杂性和不确定性的未来。

可以这样说，牛顿思维是工业时代的产物，量子思维是信息时代的宠儿。"量子领导力"的概念，来自于被《金融时报》评价为"当今最伟大的管理思想家"的丹娜·左哈尔。她在著作《量子领导者》中将量子物理学与企业管理学融会贯通，提出自成一家、切中时代需要的"量子管理"理论，在管理学界产生了深远影响。

1

在量子世界观看来，领导活动处于一个"参与性"的组织中，这个组织中充满了量子跃迁、复杂性、突变等情形，领导者作为组织活动的管理者不仅要对自身的行为负责，同时要对整个组织系统负责。量子世界观展现出的是一个"纠缠"的宇宙，所有事物都微妙地相互联系，并同步发展，领导活动的运行模式也展现出一定的内在逻辑。但是，当部分形成整体时，新的领导模式随之产生。由此可见，一成不变、毫无新意的领导模式已经成为过去式，取而代之的是一个自发组织的、持续创新的、复杂多变的新领导模式。

在全新的量子领导模式下，层级化的简单性将让位于自组织的复杂性。这就意味着强调整体而非部分，强调关联而非分离，强调多种方法而非非此即彼，强调问题而非答案，强调事物的潜力而非过分关注当下的表现，强调复杂性而非简单化。只有具备这些特征的领导思维才能更适应时代的思考方式。简而言之，在不断进化的量子世界中，想要与时俱进地应对新世界的变化，领导者必须抛弃原有的思维方式，以全新的思考角度、全新的思考方式修炼自己的量子领导力。

正如海尔CEO张瑞敏先生所讲，21世纪将是量子管理的世纪。之前所有的管理理论都过时了，应该被淘汰！西方的管理在他看来更像是在做量化管理，而不是量子管理。那么，符合新时代要求的量子管理与量子领导力究竟是怎样的呢？

在笔者看来，量子领导者必须清楚量子复杂系统是不确定的，或者至少是难以预测的，它们处于有序和混乱之间，处于粒子和波之间，也处于现实存在和潜在可能之间，这种不确定性需要领导者具备洞察改变的能力，以便灵活地引领企业向任何想要转变的方向发展。在时刻处于边缘的组织系统中，量子领导者的必修课是洞悉改变的发生，不断发展组织，不断变迁责任和身份，不断获得新的信息源和新的技术系统。

与以往强调权威的命令式管理模式不同，量子领导思维更关注参与性。量子领导者会在自己创造的量子基础框架下，为组织成员提供更多提问与讨论的机会，让每个人都有机会构思不同的产品或功能，这样组织成员的角色才会变得更加丰富与灵活。事实上，在量子时代，人们更在意自我价值的实现，会为了追求梦想而超越个人极限。为此，量子领导者更应该致力于为组织系统成员创造梦想和意义。简而言之，领导者应该鼓励人们以意义为中心、以目标为导向，引领员工为了更好地实现自我价值而全力以赴。

随着互联网经济的发展，很多人已经深刻意识到自上而下的等级制度和结构管理存在的种种局限。在变化无处不在的商业环境中，这种僵化的结构只会浪费量子个体自发的创造性与创新性。因此，量子领导者必须创建能够促进个人和组织创造力的系统组织。

如今，关于量子管理与量子领导者的书越来越多，本书另辟蹊径从何谓量子出发，在探讨量子力学与量子领导力关系的基础上，深入浅出地对量子思维、量子组织、量子个体的概念进行解析，从不同角度帮助领导者修炼符合新时代要求的领导力。

本书将重点介绍量子思维的基本原则和技巧，而这些原则和技巧都来自笔者对复杂活跃的量子体系的研究。希望领导者通过阅读本书能在充满不确定性与不稳定性的市场环境中，找到实现企业快速发展的方法。

毫无疑问，当前商业世界正面临新的改革，"大众创业、万众创新"将重塑我国经济未来发展的格局和内在动力。与此同时，量子科学的发展又给我们带来前所未有的机会。身处这个充满机遇与挑战的伟大时代，领导者需要新的基于量子思维的管理方式。希望本书可以帮助处于创新创业时代的企业领导者找到一套简洁有效的领导力解决方案。

目　录

PartA　未来已来，领导力已步入量子时代

3/　第 1 章　从确定到不确定，欢迎进入量子时代

3/　何谓量子

9/　牛顿思维 or 量子思维

12/　用量子世界观看事物

16/　身处量子时代，领导者何去何从

1

21/ 第2章 引领未来，当量子力学遇到领导力

21/ 从量子力学到量子领导力

27/ 从量子领导力说起

33/ 在不确定的时代，变被动为主动

38/ 成为未来的量子领导者

PartB 与时代同行，修炼量子领导力

47/ 第3章 洞察改变
　　　　——变革思想与量子的关系

47/ 在变化中思考

52/ 在变局中寻找拓展机会

56/ 领导者变革的关键思维

63/　第 4 章　激励行动

——行动力与量子的关系

63/　没有愿景就没有行动力

69/　使命感赋予行动意义

75/　价值观驱动行动力

80/　第 5 章　组织变革

——组织构架与量子的关系

80/　打破层级架构，参与式自主管理

84/　卓有成效的"自组织"

90/　敏捷高效的"小微模式"

98/　第 6 章　转变思维

——思维模式与量子的关系

98/　转变思维走向新世界

102/　颠覆传统的量子思维

106/　关于量子思维的思考

111/　**第 7 章　激发能力**
　　　　——赋能与量子的关系

111/　激活个体，赋能领导力

115/　如何成为赋能型领导者

120/　赋能型组织的实践管理

127/　**第 8 章　快速行动**
　　　　——效率与量子的关系

127/　敏捷运营团队

133/　OKR 目标管理的力量

PartC 应对不确定性，构建量子领导力实施方案

143/ **第9章 量子领导力的底层操作系统**

143/ 利他利己，成就他人的领导力

149/ 告别高高在上，做"服务型领导者"

156/ 做好信息管理，把握领导力新课题

161/ **第10章 量子领导的内在智能系统**

161/ 关注潜意识能量，发现"灵商"的力量

169/ 释放个体天性，发挥"能量球"的效应

附录

179/   附录 1 量子组织的十大特点

181/   附录 2 量子变革的十二原则

185/ **参考文献**

187/ **后记** 量子领导力将引领新商业模式下的

全新领导力

PartA

未来已来，领导力已步入量子时代

第1章

从确定到不确定，欢迎进入量子时代

何谓量子

在人类社会发展的历史上，科学技术一直都是推动变革的重要力量。在科技的推动力作用下，时代历经种种变迁。如今，随着量子物理的发现，一个全新的时代正在我们面前徐徐展开。

1900 年，德国物理学家普朗克首次提出能量量子化假设。在这之后，爱因斯坦提出光量子假说，进一步发展了量子概念。在爱因斯坦看来，能量子概念不仅是在光波的发射和吸收时才有意义，光波本身就是由一个个不连续的、不可分割的能量量子所组成的。通过这一假说，爱因斯坦成功解释了光电效应等实验现象。光量子概念则揭示了光的量子特性和波粒二象性，简单来讲就是，光不仅具有波动性，同时也具有粒子性。此后，随着德布罗、海森堡相继提出关于量子特性的观点，定量描述物质量子特性的理论——量子力学正式诞生。

总体来讲，量子力学就是研究亚原子级粒子运动的科学，其中亚原子的粒子不是物质，而是一种可能性的趋势，一种具有潜力的能量，这种能量是永不静止的，它总是处在连续的运动中，不断地从波转变为粒子，又从粒子转变为波，组成原子、分子，最终形成物质世界。量子力学的神奇之处就在于，我们在现实世界看到的，看起来静止、稳定的东西实际上都是由能量构成的。

与一般科学理论不同，量子物理学研究的是电子、质子、中子以及数以百计的更小的被称为夸克的粒子。所以说，量子物理学从根本上改变了人类对物质结果及其相互作用的理解。

如今，经过许多伟大科学家的努力，量子科学体系得以不断完善，而随着越来越多人投入到量子力学的应用研究中，基于量子规律的新技术也不断涌现，其中最引人注目的成就就是激光技术电子计算机的出现。可以说，随着量子技术对我们生活的改变，人类正在迈入量子时代。

从手机中的硅片，到电子屏幕上的 LED；从太阳可以发光，到我们的眼睛可以看到东西；从太空探测器的核心，再到百货商场用来结账的激光扫描器……这些日常中我们熟悉的场景，甚至那些在太空中发生的许多现象，都可以用量子力学做出解释说明。事实上，人们对量子力学的研究已经取得惊人的成就，而这其中最重要，同时也最受瞩目的研究理论就是量子叠加、量子纠缠。

◈　**量子叠加，打开计算能力的想象空间**

量子叠加是量子的一种特性，这种特性决定了量子具有超快的计算能力，这也是量子世界与经典世界的根本区别所在。

一个经典比特（由几百万个电子组成的高电平和低电平状态），每次只可以处于"开"或"关"两种状态中的一种，而一个量子状态可以同时处于"开"或

"关"两种状态。当可操纵的量子数量增加，那么，其计算能力也将呈现指数级上升。

指数级上升究竟意味着什么？棋盘麦粒的故事可以很好地说明这个问题。

在印度有一个古老的传说：舍罕王打算奖赏国际象棋的发明人——宰相西萨·班·达依尔。国王问他想要什么，他对国王说："陛下，请您在这张棋盘的第一个小格里，赏给我1粒麦子，在第二个小格里给2粒，第三小格给4粒，以后每一小格都比前一小格加1倍。请您把这样能摆满棋盘上所有64格的麦粒，都赏给您的仆人吧！"国王觉得这个要求太容易满足了，就命令赏给他这些麦粒。当人们把一袋一袋的麦子搬来开始计数时，国王才惊奇地发现，就算把全印度甚至全世界的麦粒都拿来，也满足不了那位宰相的要求。

同理可证，随着N的不断增加，量子计算机的计算能力也将呈现指数级的增长，而这意味着，那些经典计算机难以解决的大规模计算将被量子计算所解决。

举例来讲，我们日常所用的计算就好比一个拥有双手的人，在一定时间段内只能解决一个问题；而量子并行计算相当于拥有 2 的 N 次方双手，可以同时做很多事，这样一来效率自然而然会急速提升。简单来讲，经典计算无法解决的问题，量子计算都可以轻易胜任。例如，在公共交通领域，量子计算能够迅速对复杂的交通状况进行分析预判，从而实现综合调度，避免交通拥堵等状况；在公共安全领域，量子计算可以通过瞬间处理监控数据中的 60 亿人次的脸部图片来锁定一个人的身份。

❖ 量子纠缠，让通信变得更加安全

量子纠缠是指当几个粒子在彼此相互作用后，由于各个粒子所拥有的特性已综合成为整体性质，无法单独描述各个粒子性质，只能描述整体系统性质的一种现象。就当前物理学界的研究来看，量子隐形传输的实现，就是依靠神奇的量子纠缠来实现的。

在微观世界中，存在两个共同来源的微观粒子，其中只要一个粒子状态发生改变，另一个状态也会随之发生相应改变，这就是被爱因斯坦、波多尔斯基、罗森等著名科学家称作"幽灵般的超距离作用"的量子纠缠。对此，美国科学家、诺贝尔物理学奖获得者弗兰克·维尔切克曾用《格林童话》中《两兄弟》故事作出说明：量子纠缠就像一对有心灵感应的双胞胎，长得分不清彼此；他们心灵相通，即便天各一方，若弟弟有难，哥哥即刻得知。

量子纠缠是一种非常神奇且无处不在的物理现象，它的存在虽然颠覆了常理，却可以广泛应用于量子保密通信、量子计算模拟和量子精密测量等各个领域。我们可以试想一下，当两个处于纠缠状态的量子发生"心灵感应"时，速度将有多快？2014年，中科大教授、中科院院士潘建伟率领的团队在国际上首次用实验证明：在所有相对地球以 1/1000 光速或更低速度运行的惯性参照系中，量子"心灵感应"速度至少为光速的 10000 倍。

就当前相关的科研成果来看，量子通信是迄今为止唯一被证明的无条件安全的通信方式，可以从根本上解决国防、金融、政务等各个领域的信息安全问题。事实上，量子信息技术传输的高效性和安全性等特点，已经让其成为下一代 IT 技术的焦点。

毫无疑问，随着量子技术的广泛应用，在不远的未来，计算机技术、通信技术等科技的提高，不仅将颠覆我们现有的生活场景，还将彻底改变人们旧有的思想观念、思维方式。为此，我们必须改变单一的思考方式，用灵活多变、多维度、多角度的思维方式，迎接新时代的挑战。

牛顿思维 or 量子思维

量子物理学的发现为我们打开了一个全新的时代，一个颠覆以往的思想体系就此诞生。新概念、新观点、新范畴，关于物理真实与生物真实的理论几乎改变了几个世纪以来科学界认为真实可靠的一切事物与想法。在新科学革命的浪潮之下，传统的科学思维方式也迎来了新的挑战。

传统思维即牛顿思维，其主要观点是世界由原子所构成；原子和原子间，就像一颗颗撞球一样，彼此独立，即使碰撞到一起也会立即弹开。所以，世界是在匀速、线性地运动着的，所有组成世界的部分都是相互分立的，并且是机械式联系着的，原子的运动不存在任何的不确定性，也就是说"世界是测得准的"。

牛顿思维的核心是客观、精确、机械的数学模式。这种根据客观的、数学的方式去了解自然现象的方法，不仅在科学领域中得到广泛应用，而且也对我们的生活方式、商业模式造成了重要且深远的影响。

随着人们对量子物理学研究的深入，量子思维为科学界带来一场新的精神革命。量子思维源于海森堡的"测不准原理"和量子物理学。20世纪初，德国物理学家海森堡根据微观粒子的特征，提出了著名的"测不准原理"，即微观粒子的成对物理量不可能同时具有确定的数值。例如，位置与动量、方位角与动量矩，二者之中，一个越确定，则另一个越不确定——即不可能有一种方法，同时将两者都测定。

在海森堡之后，一大批科学巨匠的研究与发现为量子思维的建立奠定了基础，比如，丹麦的波尔、英国的狄拉克、奥地利的薛定谔，他们通过对波粒二象性、几率波、电子自旋、非局部作用以及能量场、全息场等方面的研究，创立了与牛顿经典物理学相对立的量子物理学，打破了牛顿经典物理的统治地位，构建了一个揭示微观物质世界运动本质与规律的崭新世界观。

总体而言，量子思维是一种帮助人们思考实体世界和人类行为的新方式，其特点包括以下几种。

（1）世界在基本结构上是相互联结的，应该从整体着眼看待世界，整体产生并决定了部分，同时部分也包含了整体的信息。

（2）世界是"复数"的，存在多样性、多种选择性。在我们决定之前，选择是无限的与变化的，直到我们最终选择了，其他所有的可能性才会崩塌。同时，这次的选择为我们的下一次选择又提供了无穷多的选项。

（3）微观世界的发展存在跳跃性、不连续性和不确定性。

（4）事物之间的因果联系像"蝴蝶效应"所体现的那样，是异常复杂的。

（5）微观发展的前景是不可精确预测的。

（6）微观世界不可能在未被干扰的情况下被测量和观察到，在弄清楚任何事物的活动中，作为参与者——人总是处于决定性的地位。

与量子思维不同，牛顿思维强调的是连续性即持续线性的变化。总体而言，传统的牛顿思维并没有错，但与量子思维相比，其局限性显然并不适应当前社会。过去，在工业文明时代，人类要征服的对象主要是自然界，特别是宏观的物质对象。在这一时期，人们通过自身的体力与脑力来改造大自然。相对来说，经典物理学和牛顿世界观比较适应这一时期的发展。但是，当我们进入后工业文明时代，几乎一切都是由量子科技创造出的计算机芯片所主导，到处充满了不确定性与不安全感，牛顿思维显然已经不再适用。

在传统的经典物理体系下，人是被动的，有着根本上的宿命性，只可以听天由命，不断地适应自然界的规律，并不能超越自然界存在的规律去做事。然而，在信息化时代，根据"测不准原理"，人们的测量、操作，甚至人的生命活动本身都在改变着结果。由此可见，全新的量子时代，需要我们从主动的角度考虑问题，用量子思维方式去思考，我们才能做好一切准备。

用量子世界观看事物

在牛顿理论中，宇宙就像一个上了发条的机器，一切事物的运行都由三条定律决定着，因此所有的事情都被看作是确定的，可以预测的。时至今日，在我们生活的方方面面，我们看待问题的世界观还在"牛顿式"思维的影响下进行着。总体而言，牛顿思维的世界观是建立在绝对性之上的，其认为想法与有意识的观察者对物理世界中一切事物的创造和运行毫无影响，物质是客观而真实存在的。

与牛顿世界观不同，量子世界观认为我们生活在一个"参与性"的宇宙之中，我们作为有意识的主体参与了对现实的创造，所以，我们每个人都应该对自己的行为，甚至对世界本身负有责任。量子世界观为我们展现了一个纠缠的宇宙，所有事物都微妙地相互联系，事物之间的管理总是同步发展的，虽然没有一个明显的信号，但事物运行的模式都展现出一定的内在顺序。

为了说明量子世界观和事物之间波动的联系性，我们来分析一下蝴蝶效应。

蝴蝶效应指的是一只蝴蝶在南美洲亚马逊河流域热带雨林上空扇动翅膀，就可以引起美国得克萨斯州的一场大风暴。这个寓言式的比喻，包含了三层含义。

◈ 小事件也可以产生大作用

轻盈起舞的蝴蝶从来就不是力量的象征，相反，可以说它是柔弱的化身。但是，蝴蝶效应却告诉我们，小蝴蝶也可以产生惊天动地的大风暴，这一理论不但违背我们的常识，也超出了牛顿力学机械因果论的框架。然而，当我们从量子的角度来看，蝴蝶效应是可以被理解的。

在量子力学中，小粒子可以带来大变化，一个自由粒子有权具有任何能量和任何运动速度，并有权位于空间中的任何位置。比如，生物 DNA 分子的偶然改变，可以导致整个有机体发生突变，从而改变生命的方向。

❖ 事物发展具有一定的波动性

蝴蝶的大小要远远小于亚马逊河流域热带雨林与得克萨斯州之间的距离，为此，当我们把蝴蝶看作粒子，在感觉上是可以接受的。这个粒子的翅膀震动，竟然可以波及千里之外，这种能量的传递，不可能从牛顿力学的机械波得到解释，只能从量子力学的概率波来理解。根据量子力学中薛定谔的波动方程，微观粒子的波动能量，可以传递到无限远的地方。在这里，蝴蝶就是一个"波源"。

❖ 无法准确预测

蝴蝶偶然扇动翅膀及其导致的大风暴都是始料不及

的突发事件，人们事先不可能有任何预测和准备，在这里机械决定论意义上的因果链断了，而这必然增加了预测的困难。此外，蝴蝶效应中所说的蝴蝶，没有任何特殊的规定，它可以是任何一只普通的蝴蝶，这就是说，任何地点上空的任何一只蝴蝶都可以带来类似得克萨斯州上空的大风暴的后果。

那么，如果全世界类似的蝴蝶满天飞，叠加的后果将给某一个地方带来无法预测的干扰。从而导致当地事物变化的不确定性。虽然，这里的比喻有夸张的成分，但是比喻也是对现实的反映。蝴蝶效应的比喻，在当前看来，具有典型的普遍意义，其真实地反映了事物波动性的量子特征。

从量子世界观的角度看，偶然性是被充分肯定的。如今，随着大量随机性与不确定性事件的发生，量子力学偶然性恰好成为我们时代的显著特征。

在科技带来颠覆性改变的当下，偶然性已经不像过去那样，仅仅被看成是反常的、罕见的、次要的、短暂的、特殊的现象。事实上，如今偶然性已经上升为普遍的、正常的、司空见惯的现象了。在量子时代，越来越多的偶然性可能带来有利的机遇，也可能造成巨大的破坏。对此，我们能做的就是改变传统的世界观，用量子世界观加强对偶然因素的研究，提高预测能力，提前做好应对改变的策略，随时做到有备无患，应付自如。

身处量子时代，领导者何去何从

一直以来，牛顿思想的影响都很广泛，许多现代企业管理者也都采用牛顿思维模式，但不可否认的是，牛顿思维适应的是一个简单、遵循法则、可预测和可控制的世界，而当前世界处在复杂的、不确定的，随时在改变并且难以预测的量子时代。

量子时代的领导者应该意识到一切都与以往有所不同。

首先，人与人之间的距离在缩短，交往速度在加快，传统的区域壁垒、行业壁垒、企业壁垒正在逐渐弱化，甚至坍塌，而且人与人之间的关联在加强，关系也变得更紧密。

其次，在移动互联经济时代，社会系统中各单元之间关联性越来越强，人与人之间相互影响思考和行动方式的微妙关系突破了时间、地域的限制，实现了全球范围的泛在化网络连接，而这带来了社会结构的深刻变化。

再次，随着知识经济时代的到来，知识型员工已成为企业的重要资源，是企业的核心竞争力。但是，知识型员工是无法进行标准化培养和统一控制的，他们有自己的思想意识和主张，他们希望拥有更多自主权和自由度，由自己根据市场和客户需求判断做出行动。

最后，在量子时代，组织结构也发生了颠覆性的变革。企业内外，由于有了互联网、人与人建立起非正式的关联渠道，信息与能量开始时时刻刻地流动。企业再也不是以往可以被精确控制的机器，员工也不再像从前一样受到自上而下的管控。员工之间横向的联动和无边界的互动，让他们的自由度得到了极大的扩展。传统层级型的正三角组织结构已经不能适应存在随机性也存在关联性的个体流动和发展。

总体而言，随着量子时代的到来，世界发展的不确定性和复杂性不断加剧，而这也让人们面临的局面和格局变得更加混沌与模糊，多样性、多样化的格局更是让宏观世界的无序性与日俱增，面对这些新变化、新问题、新矛盾，企业领导者该何去何从呢？

❖ 具备自觉意识

量子时代的领导者应该具有一定的自觉意识，能够充分了解一个自组织的形态。简单来讲，就是领导者要知道公司的愿景是什么、价值观是什么、优势在哪里、公司为什么存在、公司想要生存下去需要克服哪些困难，等等。

❖ 明确企业愿景与价值观

经营管理企业不应该唯利是图，而是要建立自己的企业愿景和价值观。一家企业要生存下去必然是需要盈利的，但领导者要明白为什么要盈利，如何让企业成为具有愿景的服务型公司。

❖ 转变思维方式

在量子时代，领导者需要转换思维模式。在牛顿思维中，员工就像一颗螺丝钉，只要按照规定做好本职工作即可。在工业时代的流水线工厂中，这样的管理模式是适用的，但在量子时代，我们需要员工创造性地完成工作，而过去牛顿式的思考显然无法做到这一点。所以，领导者要转变思维方式，赋予员工决策权，让他们可以创造性地完成工作。

❖　灵活处理问题

与传统公司不同，量子型公司不会用过去的解决方案来解决当前的问题，而是时刻做好准备去解决未来的问题。所以，量子领导者需要具备灵活处理问题的能力，随时准备为了消费者的改变而改变，为了市场的改变而改变，为了经济形势的改变而改变。

❖　掌握多样化解决问题的方法

在一家企业中，领导者要面对来自不同背景、不同文化的人，同时也要应对各种各样不同的声音，多样化的解决方法可以帮助领导者随时应对不同的声音。

❖　站在他人角度思考问题

传统领导者都是命令式，他们更习惯于站在自己的角度考虑问题，然后发号施令。量子型领导者则要具备一定的同情心与同理心，可以站在他人的角度思考问题，成为服务型的领导者，为客户服务、为市场服务，甚至为员工服务。

◈ 虚心接受意见与批评

量子时代的领导者应该明白自己只是宏观宇宙中的一个角色，能够清楚地找到自己的价值与位置，因为只有这样才能虚心接受他人的意见，甚至是批评。

◈ 有追求有信仰

作为量子时代的领导者，最重要的一点就是要建立自己的追求与信仰，同时通过自己的职业操守与职业使命感，感召员工为实现理想与目标而努力。

第2章

引领未来，当量子力学遇到领导力

从量子力学到量子领导力

在很长一段时间内，伟大的科学家牛顿提出的牛顿三定律与万有引力定律，为人们构建了一个完整的物理世界观。

牛顿第一定律，给出了力的概念，说明了运动状态改变是由于力的作用；牛顿第二定律，给出了力与运动变化之间的数学关系；牛顿第三定律，则说明了事物之间作用与反作用的关系。著名的万有引力定律，则告诉我们事物之间天然的作用，只要有质量就会有一个作用——引力。这一伟大定律将深邃宇宙与我们联系在了一起，原来遥远的星球也会受到我们的作用，我们是一个大的整体。自此，人类将牛顿三定律看作上天下地所应遵循的必然规律。

在牛顿思维与牛顿世界观下，世界如同一个精密的时钟，每一步都按照牛顿定律运行着。然而，在一大批物理学家的不懈努力下，一个崭新的学科出现了——量子力学。

在生活中，牛顿力学与生活常识是相符的，所以理解牛顿力学并不难，理解量子力学就相对比较困难了。相信很多人都听过薛定谔的猫，但是，很多人并不理解它的真正含义。事实上，正是由于围观的量子态的多种叠加，可以使得一只猫的生死在开门观测之前也处于半死半活的诡异状态。总体而言，要了解量子力学，就需要我们掌握几个让人匪夷所思的观点：

（1）光的波粒二象性：基本粒子同时具备波和粒子的属性。也就是说，光既是粒子，也是波。并且，不仅是光，组成世界的所有基本粒子，都具有波粒二象性特性。你说它是波也行，你说它是粒子也行。

（2）薛定谔的猫：箱子中的猫既死了又活着。一位叫薛定谔的物理学家，提出了一个思想实验，一只猫被封在一个黑箱里，黑箱里有食物和一个装满毒气的瓶子。毒气瓶上有一个锤子，锤子由一个电子开关控制，电子开关由放射性原子控制，放射性原子始终有50%的概率触动开关释放毒气。只要毒气释放，猫必死无疑。

请问，猫现在到底是死的还是活的？很简单，打开箱子看一眼就知道猫的死活。如果不打开呢？科学家善于把简单的问题"复杂化"，薛定谔专门写了个公式，试图从宏观尺度阐述微观尺度的量子叠加原理的问题，叫薛定谔方程式，说的是猫处于一种活与不活的叠加态。

薛定谔认为按照量子力学的解释，箱中之猫处于"死—活叠加态"，要等到打开箱子看一眼猫才决定其生死。请注意！不是发现而是决定，仅仅看一眼就足以致命！

（3）量子纠缠：超距离幽灵感应。史上最怪、最不合理、最疯狂、最荒谬的量子力学预测便是"量子纠缠"。把两个关联粒子分开，一个放在地球，另一个放在另外一个遥远的星系，如果这个粒子往左旋转，那个粒子一定是往右旋转。量子纠缠可以预测相隔甚远的一对量子的状态，即便二者远在天涯，其行为也相互关联。

量子纠缠是量子力学里最古怪的东西，因为它能产生"鬼魅般的超距作用"。在未来世界，人类或许能通过量子纠缠来实现"瞬间移动"，将人体或物体从一处传送到另一处。

（4）不确定性原理：同样的粒子，每次测量结果不一样。在量子力学里，不确定性原理表明，粒子的位置与动量不可同时被确定，一个微观粒子的某些物理量，不可能同时具有确定的数值，其中一个量越确定，另一个量的不确定程度就越大。

这种不确定性陈述了之前无法精确确定的一个粒子，海森堡认为，原子周围的电子的位置和动量是有限制的，它的运动轨迹之所以无法精确，是因为测量某个物体的行为本身会扰乱该物体原有的运动轨迹，从而改变它的状态。同时量子世界本就是不具体的，基于概率，想要精确确定一个粒子的状态本身就存在限制。

（5）不连续性：连光都是不连续的。不连续性由德国物理学家普朗克提出，他假设黑体辐射中的辐射能量是不连续的，只能取能量基本单位的整数倍。后来的研究表明，不但能量会表现出这种不连续的分离化性质，其他物理量诸如角动量、自旋、电荷等也都表现出这种不连续的量子化现象。这同以牛顿力学为代表的经典物理有根本的区别。

不连续性后来被爱因斯坦发扬光大。爱因斯坦提出了光量子的概念。实验得出的结论表明，光也是不连续的，由许多能包组成，能包也叫光量子。

由于量子物理学涵盖的研究对象和内容远远超出了物理学这门学科的范围，它实际上已经成为了一种带有世界观性质的更普遍的理论和思维方式。

同时，量子力学还认为：整体决定部分，部分同时也包含了整体信息；世界存在多样性，所以有多种选择；存在不连续性，微观世界存在跳跃性、不连续性、不确定性；事物之间存在异常复杂的因果关系，不可精准预测；测量中人作为参与者起决定性作用。

根据量子力学，有人总结出量子思维的四大基本法则：

（1）不连续：量子力学中说能量是一点一点释放的，是不连续的。

（2）跃迁：微观粒子从一个状态到另一个状态的变化常常是跳跃式的。

（3）复杂因果关系：事物之间的因果联系不再是一一对应的简单因果关系，而是像蝴蝶效应所显示的那样，是异常复杂的。

（4）不确定性：不确定性原理即粒子的位置与动量不可同时被确定，位置的不确定性与动量的不确定性遵守不等式。通俗来讲，在微观世界的测量中，每次测量出来的结果都不一样。一样的话，就不对了。

量子力学与量子思维所描述的世界正在改变我们对很多领域的认识，而这绝不仅仅局限于科学方面。科学家的观点几乎渗透到每一个领域。与此同时，企业领导者如果仍然用牛顿思维进行管理，强调集权，员工只需听令行事，不可以有意见，那企业终将陷入困境。相反，企业需要新的量子领导力，领导者要将员工看作特殊的能量球，放手让员工集体发挥创意，"自上而下"地为企业注入源源不断的活力。

从量子领导力说起

从量子力学到量子领导力，应该感谢一位叫作丹娜·左哈尔的英国管理大师。这个被称为"量子管理学"奠基人、"世上最了不起的管理学大师之一"的丹娜·左哈尔写了一本书叫《量子领导者》，在这本书中她提出了量子领导力的概念，而这也让量子领导力的概念进入了管理学领域。

丹娜·左哈尔认为，过分追逐短期私利与利润最大化、过度强调高管奖金和股东价值，孤立主义思维，任意忽视公司长远发展目标，将导致整个商业生态系统发展不可持续。她曾把以上现象描述为一个正在吞食自己的猛兽。

目前，企业领导人面临工业革命时代以来最大的一场技术颠覆性变革，亟须进行创造性的结构重组。如果没有清晰认识到这一点，面对外界环境挑战，企业领导人不可能从根本上建立一种全新的领导力文化。不仅商界领导面临这些挑战，不同层面所有领域的领导者都面临这种挑战。

新的文化需要重新定义一个新的领导模式，以便创造性地适应更快速和更复杂的变化、环境的不确定性与风险、全球范围内的关联性和去中心化，以及员工、顾客对道德和人生意义的更大需求。基于此，我们不仅需要一个新的思维体系，更要创建一种新的隐喻、新的假设、新的价值观，而量子物理、混沌理论、复杂科学所带来的科学思维革命，是最有力量替代旧的思维体系的一个崭新模式。总体而言，要建立量子领导模式，我们必须首先掌握量子领导者思维原则：

原则一：自我意识

传统企业领导者大多生活在一个非常自我的环境中，但他们却很少拥有自我意识，不管是在个人生活中，还是在各种各样的组织系统中，他们很少有反思的习惯，也很难建立促进反思的体系。这种类型的领导者极少甚至完全不会花时间了解自己的内心世界。对于量子领导者来说，首先需要拥有一个"深层次的自我"，这是隐藏在领导者内心深处的真实个性，通过日常的行为和思想表达呈现。这种自我意识的主要层次能够让领导者摆脱自尊的种种狭隘限制，将自身带到意识的核心层面，从而赋予领导者遵循内心最高动机实现行动的力量。这种深层次的自我意识可以帮助领导者挖掘出无限的潜力。

原则二：同理心

在拉丁文中，同理心的字面意思是"对什么的感受"，我们可以将其理解为一种深度的情感共鸣，感受他人的感觉与情绪。因此，同理心是一种积极的感知，也是一种冲动，一种想要参与其中的冲动。量子领导者拥有同理心，代表即使他人的观点与自己不同，甚至观点相反时，也能设身处地地为他人着想。在同理心的作用下，领导者可以在不好的事情中挖掘出有益的潜能。

原则三：整体性思维

通过整体性思维，领导者可以发现许多不同种类事物之间所存在的更深层次的共性，通过看到问题的整体性，领导者能够从中产生更深层次的领悟，从而激发更深入的潜能。从精神层面来看，建立一套完善的整体性思维模式可以帮助领导者在有限当中看到无限的可能，帮助其进行更深入的思考。简单来讲，量子领导者的整体性思维让部分或者个体能够成为一个完整的体系，而这将使组织变成一个复杂的、自组织、自适应的系统。

原则四：自发性

自发性（spontaneity）这个单词与回应（response）和责任（responsibility）有着相同的拉丁语词根，具有高度自发性从某种意义上意味着对于此时此刻的及时回应，并且对后果承担责任。简单来讲，这就要求领导者以孩子般的天真与好奇对待每一个时刻、每一个人、每一件事。在处理问题时不过多地受制于曾经的习惯、偏见、恐惧或者喜好。这意味着领导者有勇气将自己投入当下。由此可见，高度的自发性其实是即兴创作、实验以及从错误中学习和发展创造力的前提条件。

原则五：场独立性

"场独立性"是一个心理学术语，指的是能够公然违抗大众，或者打破自己之前的思维定式。量子领导者应具备坚定的人生信念，哪怕会因此被人孤立。因为，只有了解自己的思维，坚持自己的观点，才能够清楚自己所处组织的主流观点或文化，同时也能置身突发状况之外，认清事情的本质。

原则六：重建框架

重建架构的关键在于跳出情景、策略、建议或问题，着眼于全局。领导者对问题或机遇进行框架转换最关键的阻碍往往来源于领导者自身的思维方式，因为大部分领导者都存在一定程度的思维定式。所以，领导者首先需要意识到这一现象，然后再去打破或消除思维定式。具有远见的领导者一般都能重建框架，他们能够对未来进行推测，所以更加乐于接受各种可能性。

原则七：拥抱多样性

一般来讲，多样性意味着热爱或者至少重视他人不同的观点与意见，而不是无视或者厌恶他人的观点。这就意味着将不同看作新的机会。领导者拥抱多样性意味着理解一个问题或者推导一个策略的最佳方式是尽最大可能得到关于这件事的、尽可能多的观点。事实上，完全接受了多样性，可以让领导者尊重每一个观点。当然，这需要领导者更加谦虚地看待自己的观点，并要求领导者确保自己能够在关键时刻很好地进行自我审视，对自己观点产生质疑，或者质疑所有曾经被认为正确的事物。正因如此，领导者应该深信真理来自冲突或是某种情况的自组织潜力。

原则八：愿景及价值引导

愿景是通过形成人们的动机来成就现实，与此同时

31

愿景本身则根植于深层次的价值观之中。价值观就像能量量子群，它使得一切事物得以发生。领导者内心最深层次的价值观将为一些组织和社会奠定基础，而这些组织和社会将会使领导者的潜力得以充分发挥。因此，一个组织必须具有强烈推动力的愿景和价值观，才能真正良好地运作。

原则九：使命感

使命感是愿景的召唤，是一种让理想成真的渴望和决心。作为灵商的一种特征，使命感是一种更高的服务奉献精神。简而言之，使命感有利于人们追求特定的人生道路，达成深刻的个人（或超脱于个人之上的）目标，践行内心深处的理想和价值观。

从量子物理角度来看，世界上的所有问题都是思想的问题。那么，谁的思想是正确的，谁的思想是错误的，我们判断的标准是什么呢？如果我说我的思想是正确的，他说他的思想是正确的，我们怎样来判定谁是谁非呢？我们都知道，当人们迷失了方向的时候，都会根据自己的感觉思考，把东说成西，把西说成东。但我们会借天上的太阳、夜晚的星星、地上的树木和积雪等参照物辨别出正确方向。后来，我们的先辈发明了精准的指南针来确定方向，大家都可以有所依循。

那么，当我们的思想出了问题的时候，我们应该靠什么来统一呢？什么是思想的指南针呢？当我们没有准确的指南针的时候，只能依靠参照物，当我们有了精准的指南针的时候，我们就再也不会找不到方向和自己的位置了。而在量子时代，量子思维就是量子领导者的指南针。

在不确定的时代，变被动为主动

如今，我们的世界已经迈入全新的量子时代，这一时代的世界观是根据量子科学的体制制定的。与牛顿时代的管理体制不同，量子时代体制的特点就在于一切都是不可预测的，一切都在变化中。正如美国军事科学家曾经提出的现代战争的四个特征——易变性（Volatility）、不确定性（Uncertainty）、复杂性（Complexity）和模糊性（Ambiguity），这个充满 VUCA 的商业世界，正是我们所处量子时代的写照。

海尔 CEO 张瑞敏也曾表示：目前我们正处于一个量子时代，这个时代是富有改变性的，并且是非常复杂的，我们需要有新的管理模式和领导力来适应这种不确定的时代，这就是量子管理。

计划赶不上变化，这在商业世界里简直就是一条"真理"。业界大佬在玩起"变化"来简直就跟商量好了似的。

2013 年 3 月，娃哈哈掌门人宗庆后曾表示，酒喝多了会伤害身体，白酒行业哪怕有机会也不会进入。8 个月之后，2013 年 11 月，宗庆后的宣言还没有被人遗忘，娃哈哈集团就斥资 150 亿元投资茅台镇金酱酒业有限公司，首款新酒"领酱国酒"宣告上市。

马云曾说"绝对不会做物流"。2010 年 6 月，淘宝网正式推出淘宝大物流计划，包含淘宝物流宝平台、物流合作伙伴体系以及物流服务标准体系三大块内容。

2013 年 1 月，阿里巴巴菜鸟网络计划出炉。阿里集团宣布，已与相关物流企业、资本及金融机构敲定共同筹建"中国智能物流网"。第一期投资额 1000 亿元，8~10 年后，该网络将能够支持日均 300 亿元的网络零售额，且实现快递在全国各地 24 小时内送达。

2010 年 2 月，京东商城对外表示，京东商城 5 年内不会涉足在线图书销售市场。可就在当年 11 月，京东商城图书频道正式启动试营业。之后，京东还多次与当当就图书业务掀起价格大战。

我们不妨以牛顿力学来对比量子力学，以牛顿思维来对比量子思维，但只是一个对比，并非要否定牛顿力学和牛顿思维，相信大家也不会误会这一点。

牛顿力学认为世界是由原子构成的，每个原子在时间和空间上都是分裂的，这导致了各自为政的趋势。但是量子思维认为世界是由能量构成的，所有东西，包括我和你都是由量子构成的，我们的公司、我们的自我，都是一个能量的形式。在量子物理学里，没有牛顿思维里分割的概念。

牛顿力学认为只有把整体和问题不停地细分，才能够了解一个事物的全貌。但量子观点恰恰完全相反，如果我们要了解一个问题或者一种情境，我们要把它放到一个整体的相关联的情形下去考虑，考虑它与周围事物的关系。

牛顿力学的观点是非此即彼的、非黑即白的，是一个非常简单化的观点，我们解决一个问题，只可能有一种方法、一种策略，只可能有一个事实，这种观点也在深深影响着目前的世界。但是在量子力学看来，同一个事物可能具有不同的方面，既可能是对的，也可能是错的，方法、策略和事实都可能是多个的，我们需要兼容并包。

量子力学里有一个非常重要的理论，那就是海森堡（德国著名物理学家，量子力学的创立者）的不确定理论，他认为我们生活在一个充满问题的时代，而不是充满答案的时代。我们永远不可能了解一个事物的全貌，我们了解的只可能是一部分，它的外面还有更多等着我们去探索的内容。

在量子力学中，我们生活的世界是一个参与性的世界，每个人都可以成为世界的创造者。我们通过提问、决策来创造这个世界，因此我们对这个世界是负有责任的，你怎样去创造这个世界，这个世界就是什么样子的。

这种我们自己来创造社会或者环境的理论，赋予了我们很大的权利，也让我们承担着很大的责任。一个良好的公司，需要一个好的领导者。管理者和组织的个体等人的行为随时随地对公司、外部世界和社会产生着影响。这就解释了为何量子组织的领导者是一个激发型的、鼓励型的领导，他能够提供企业愿景，并为员工做出好的示范。

在牛顿型的公司，也就是原子型的公司，公司分为许多不同的部分，包括生产、研发、销售等部门，各个部门不互相联系，而是听从自上而下的指挥。而一个量子型的公司就是一个整体，是透明的，其中的人彼此相连，每个部门都息息相关，能够相互交流，每个人都对自己所处的环境非常了解。

而且，一个量子型的公司权力不是集中的，而是分散的。比如，海尔把自己的公司分成了很多个小业务组，每个业务组之间彼此相连，也彼此合作。同时他们也是独立的个体，分别有自己的产品、技术人员，以及消费者。

牛顿型公司主要追求的就是利益，而且想着如何能够给予的最少，比如说如何能够给工人最少的工资，如何能够从消费者那里获取最大的利益。但是一个量子型的公司则对周围所有事物非常关注，关注消费者，关注员工，关注集体、地球、后代，甚至我们的未来。

在不确定的时代，我们需要稳定的东西，但真正稳定的东西从不来自于外界，一定来自于自身。牛顿思维的人经常喜欢抱怨"怎么又变了"。但在互联网时代，唯一不变的就是变化。这种变化，是从"计划"到"进化"的改变，是先做"正确的事"。

马云曾经在网商大会上说："大家要做正确的事，还要正确地做事，这是两个含义。首先要选择正确的方向，如果你方向选错了，你做得越对死得越快。"

首先做正确的事，然后正确地做事，这不仅是一个重要的领导方法，更是一种很重要的理念。任何时候，对于任何人或者组织而言，"做正确的事"是"正确地做事"的前提。

成为未来的量子领导者

在牛顿思维模式下，万事万物都呈现规律性的变化，而组织管理则强调实体结构和众多组成部分的重要性。若干责任组合在一起形成功能；若干员工组合在一起形成角色。各种各样的组织管理图描述企业这台"机器"如何运转：包括哪些部分，哪个人适合放在哪个位置，谁是最重要的"零件"。20 世纪 90 年代，领导者对企业进行组织管理时，总是试图建立一种理性的、结构化的方法。如今，这种建立在牛顿物理领域的领导管理方式显然已经无法适应未来的量子时代。

与时俱进，走出"牛顿"领导模式

首先，牛顿式领导者习惯进行"有限博弈"，他们更热衷于让员工在规则和界限之内博弈。在讲求创意与创新的移动网络时代，"有限博弈"显然限制了员工发挥创意与创造的空间。在量子时代，领导者需要掌握"无限博弈"的管理方式。

其次，深受牛顿思想影响的领导者一般都十分看重效率，他们更希望集中精力完成任务。这种"目标管理"的方式，将复杂的事物分解为单个且相互独立的目标，然后再逐一突破。最后一个目标的完成是相互孤立部分目标的综合。在量子时代，管理者需要着眼大局，而不是关注短期目标，因为只有更全面、更系统地整合各个部门，让它们的成果大于各部门之和，才能更好地运用这些组合部分，包括人力资源、工厂、资本等。

再次，牛顿式领导者更倾向于"自上而下"的管理方式。为了实现"我是领导，我说了算"这一管理模式，他们需要建立一种等级明确的组织结构。然而，在90后、00后员工面前，森严的等级管理模式早已失去效力，新一代员工更看重自我价值的体现。所以，他们不愿意听命令行事，这就要领导者将员工看作一起创业的合作伙伴，广泛利用他们的思维和专长，对他们进行赋能，而非教条式的管理。

最后，牛顿强调 A 点到 B 点之间只有一条路径，这是上帝看待宇宙的方式。牛顿式的领导者总是过于频繁地采用这一观点：只有一种最佳解决方案，只有一个最佳答案，只有一种最佳策略。事实上，这种看待问题的观点是十分狭隘的。量子理论告诉我们，从 A 点出发可以尝试多条路径，并且通常会达到一个创新的 B 点。所以，量子时代的领导者需要具备预测一种场景或一个问题的多种可能结局的能力，通过尽可能多地参考其他意见，找到多种可能的解决方案。

把握未来，开启量子领导模式

量子时代是一个充满未知的奇特世界，作为新时代的领导者不应该再将世界看作机器，而应该认识到这个世界的动态特性。在这个全新的动态世界里，所有组织都将踏入关系构成的新世界，在这里领导者不可能再指望预测性，而应该转向潜在的可能性。简单来讲，人们就像世上所有的事物一样，无法定义、无法分析，而只是有若干种潜能。任何人都不能脱离与他人的关系而独立存在，不同的环境和人将使我们的某些特性显示出来，而另一些特性则处于休眠状态。

当所有事物都不能脱离与外界的关系而独立存在时，领导者就不需要按分割的方式进行思考与管理。许多领导者可能都有过这样的思考，在企业发展中，影响企业的关键因素是系统还是个体？对此量子理论给出了答案："二者兼而有之。"系统影响个体，同时个体也决定着系统。因此，预测和复制都是不可能的。由此可见，新时代的领导者不能再以传统的视角看待问题。

想要成为量子领导者，就要懂得用一种全新的视角看待问题：既要针对领导者本人的内心，也要针对领导者工作实践范围之外的部分。这两者并不是相互分离的，思考是一种存在的方式，同时也是成为具有领导力领导者的核心所在。量子领导者需要新的思维，这就需要均衡运用头脑、情感和心灵力量，需要调动身体的全部能量。

值得一提的是，随着科学技术的发展，整个社会环境、商业环境发生改变，量子领导者还必须转变对战略和规划的认识。在几年前，许多公司会在计划流程上花费太多时间，这些计划都是基于牛顿思想制定的。但是，能从费时费力、精心制定的战略中获得理想回报的公司却少之又少。量子领导者需要明白，客观现实就在那里，只有参与进去，你才能与新的环境建立联系。

量子时代的领导者，首先要改变做事的方法，其次要学会如何推动过程，想方设法建立关系，并维护组织成长与发展。与此同时，量子领导者还应该具备新的能力，提升自我认知、明晰需求、与组织内部的有机动力同步、与组织成员一同努力，而不是与之对着干。对于领导者来说，需要理解员工为什么在做他们正在做的

事，理解他们的行为背景与结果，以及理解他们的价值
观。量子思维的重点是提出问题的重要性（海森堡不确
定性原理）、这些问题背后的价值观、这些问题的背景
因素以及解决方法的本质。

PartB

与时代同行，修炼量子领导力

第3章

洞察改变

——变革思想与量子的关系

在变化中思考

　　过去，我们对变化的理解主要是根据牛顿世界观而来的。企业领导者总是习惯将问题看作出了故障的机器。所以，当问题出现时，领导者通常采用最简单的方法，试图找出导致问题发生的最直接原因。之后，领导者会在所有可能的原因中寻找问题根源——不称职的员工、散漫的团队或者失败的产品设计。为了更好地"修正"问题，领导者需要做的就是换上一个新的"零件"，让企业得以继续运行，并期待着良好的运行效果。

这就是传统企业应对变化的标准方法，这套流程源于精细的工程学思维模式。如今，随着量子力学的发展，我们已然迈入一个全新的世界。如果说我们原来所处的世界是台球式的世界，变化是由台球间的相互撞击产生，那么，现在我们进入的就是一个网络世界，变化的发生是因为生命系统发现了有意义的信息。

量子物理的发展让科学家认识到事物的内部存在若干看不见的动态过程，这一切让我们摆脱机器论的观念，不再以静态和一成不变的思路看待这个世界，不再将世界简单地看成若干个组成部分，量子世界观提出的动态过程为我们创造了各种各样、数不胜数的生命形态。面对如此复杂、如此多变的世界，如果我们不能及时进行思路的转换，那么，我们就不能在这个充满创新与创造力的世界保持良好的适应性，实现长久稳定的发展。

变化一：整体与部分的变化

企业组织系统是由部分组成，但如果仅仅将每个组成部分管理好，领导者仍然无法准确认清整个组成结构。即使领导者能够管理好各个组成部分或处理一些互不相关的问题，也应该记住，要把组织当作一个整体系统看待。从系统的观点来看，领导者不能孤立地理解问题，必须搞清楚系统是如何运转的。

量子时代需要领导者从整体的角度去认识一个系统，因为只有这样做，思维方式才能在理性之余多一些感性。事实上，当领导者在管理中关注一个组织或者一个问题时，就会不知不觉地调动感觉器官，而不再拘泥于分析技能。

A 公司的业务部门丢掉了一个重要项目，他们很想搞清楚为什么自己没能拿下这个项目。第一步，他们列出了能够回想起来的所有事件和决策的时间表以及每一个参与者，因为没有一个员工知道事情的具体情况。每个员工都对项目发表评论，从而对导致项目失败的整个系统达成一个基本认识。第二步，全体员工在众多决策中找出几个他们觉得十分关键的问题。但是，由于他们对整体已经有了一定的认识，所以，对部分的认识中也包含了一些整体的成分。第三步，将每个组对某个决策的分析加入到整个活动时间表中，如此一来，他们很快就弄清楚了每一个关键决策都是由类似的行为模式所决定的。

前面的案例让我们清楚地看到，一个项目的成功与否是通过每件事情体现出来的，但是，如果员工对整体一无所知的话，就不会有人发现这些模式。再进行新的一轮迭代，从而对这个项目的一些局部进行深入分析，然后再带回整体中，这样，部分的过程就会清晰地显露出来。

在量子时代，领导者需改变从前看待个体与整体的关系，因为只有当组织中每个人都参与进来，组织系统才能更好地运转。当人们对整体的认识越深，对个体行为的影响也就越大，同时，大家也能看到自己的所作所为将对整体产生怎样的影响。

变化二：网络关系的变化

量子科学研究告诉我们，在现实世界里，任何一个有生命的组织都不是孤立存在的。万事万物都因为相互关联而呈现出一定的形态。简单来讲，现实就是通过我们的参与，在一系列的过程中建立关系而生产。人们自主选择关注的对象，同时在某些事情中建立关系。正是通过这些可以建立的关系，我们才共同创造了现实世界。

商业组织希望在改变中取得更好的效益，关键一点就是要记住我们所面对的是关系网络，而不是机器。当领导者将组织看作网络，那么，在组织变革方面将受益匪浅。众所周知，当网络结构出现漏洞时，我们不需要重新构建新的网络，而是利用已经存在的关系，在断网的区域重新编织网络就可以建立更强的关系。

一直以来，牛顿物理并没有为我们研究生命网络系统的行为提供任何有价值的信息。牛顿物理学只是告诉我们，变化是以增量的形式发生的，每次变化只会影响一个人。为此，管理者不仅要周密计划，还要考虑改变对象的大小。你所付出的努力，一定要与我们试图改变的对象的大小相匹配。如今，随着量子物理科学的发展，我们知道得更多，我们了解自己面对的是网络，而不是台球。我们不必对整个系统进行"推"或"拉"，而是必须与所有员工一起，去发现与组织系统关系密切的重要信息。然后，将这些信息带入系统内，看看其对组织发展是否有积极促进作用。

在任何一个组织系统中，无论其规模大小，系统运转所依据的都是相同的原理，自参照过程与寻找意义的过程永远不会停止。因此，变化往往是在整个系统内发生的。当然，不同组织或部门内不同人员对系统都有着自己的理解。但是，改变的过程都是相同的。领导者需要想方设法了解他们的关注点是什么，要搞清楚究竟什么对他们是有意义的。

在量子时代，作为具有战略思考能力的领导者，我们应该透过变化的现象，去探究变化背后的深层原因，同时进一步去找到变化背后的巨大推动力。然后，领导者还应该思考，如何让变化背后的驱动力稳定而持久地发挥积极的作用。

在变局中寻找拓展机会

在变化无处不在的量子世界里，所有生命都以非平衡的状态存在，对此，我们大可不必为不平衡感到恐惧，更不用对变化抱有恐惧的心理。因为，无论是个人还是企业，只要懂得把握机会都可以在千变万化的环境下成长与进步。事实上，改变，尤其是那些重大的变化将带给我们机会。那么，作为领导者，我们应该寻找怎样的机会帮助企业实现基业长青呢？

突破性目标的机会

所谓突破性目标的机会，即这些机会已经存在，某些企业已经看到这个机会，并且针对这一市场机会开发出了相关的产品或服务。但是，它们并没有达到真正卓越的水准，也就是说这一目标市场需要突破性的产品赢得市场的主动权。

我们应该如何定义突破性的标准呢？目前，它还没有最终答案。任何企业都可以挑战自己的极限，同时在满足市场需求、优化成本的基础之上，做出超越其他企业的产品或服务，从而获得市场的认可和最终的成功。

在领导者带领企业寻找突破性机会的道路上，唯有创新才能创造更好的价值，才能建立起卓越的领导力。尤其是在战略趋同和产品同质化的市场环境下，企业既难以通过传统的规模经济取胜，也很难通过并购实现技术突破，脱颖而出的机会在于业务模式的创新。

创造性破坏的机会

奥地利著名经济学家约瑟夫·熊彼特认为，领导者的根本作用是将市场上的各种经济要素进行重新组合，这就是领导者的创新作用，他将这个过程称为创造性破坏。创造性破坏的概念，强调的是通过创造新的组合来对原有的格局进行重塑，这也是量子领导者必备的一种品质。

近年来，随着科学技术的发展，每隔一段时间就会出现一些通过创造性破坏带来的市场重塑机会。尤其是在网络技术与智能技术带来突破性发展的当前，人们的工作、生活方式都发生了颠覆性的改变，这些都属于创造性突破的范畴。这一阶段产生了非常多的机会，而那些真正把握住机会的领导者，几乎无一例外都创造了无比广阔的新市场。与此同时，他们也在创造性破坏的市场机会中取得了绝对领先的优势地位。

在网络技术越来越成熟的今天，每一家企业都有机会结合自己的行业特色，推出颠覆市场的产品和服务，开拓创造性破坏的机会。对于领导者来说，通过创造性破坏机会实现企业发展的关键就在于能否根据行业的特点，将自己的产品、工艺、流程，转化成不同的算法，并将这些算法和原有的产品等硬件结合起来，成为新的智能化的产品与服务。

协同整合的机会

当企业在市场中取得一定成绩之后，自然就会构建一些独特的能力，拥有独特的技术或产品优势，而这些核心能力有可能为其带来独特的市场机会，同时为这些企业创造出与众不同的特殊竞争力，这种优势机会也可称作协同整合的机会。

一般来讲，协同整合型模式可以通过两种途径实现：其一，通过技术端的协同；其二，通过客户端的整合。

技术协同，在目前大多是以平台型的方式出现。事实上，越来越多企业开始考虑用互联网和数据手段将技术平台虚拟化，通过提供更加广阔的连接和虚拟化的能力，让更多客户能够充分利用越来越便捷实效的技术平台，同时将客户的业务融合到技术平台当中，从而完成客户技术系统的开发与应用。

客户整合，简单来讲就是建立统一的客户覆盖，将自身的市场能力、服务能力、技术能力、物流能力等按照模块化的方式进行搭配，从而满足客户的需求。IBM就是典型的整合型解决方案模式。

值得注意的是，协同与整合除了要注意技术和营销之外，还应关注组织的再造与文化的重塑，因为这些软性因素其实对于整合的成功更加重要。

领导者变革的关键思维

量子物理所描述的世界是一个不确定的世界，而这种模糊与不确定也被称为"混沌边缘"。量子思维的本质是一种高于范畴、结构且被接受的思考方式。量子思维的存在让我们可以创造出一种方式，改变我们的思维结构。这对一个组织的创造性思维和领导力都是极为重要的，是实现真正变革的关键。

在企业中，量子领导者不仅要明确任务，激励员工更好地执行任务，同时还需要让员工明白他们奋斗的目标不只是个人目标，更是团队的共同目标。当领导者这样去理解管理的意义时，领导者首先要成为一个变革者。他可以根据持续变化的市场环境，不断为组织输入全新的价值，不断以新的思维让组织变得更坚韧强大，让组织成为能够随时迎接任何挑战的团队。那么，作为量子领导者都应该具备哪些新的变革思维呢？

网络思维

网络思维，简而言之就是突破传统的单点和线性思维。在移动互联时代，快速便捷传递的信息让人类社会形成了新的网状结构，身边的人、事、物正在被快速地接入网络的世界当中。网络思维的关键在于，人们应该如何利用网络和网络效应去解决那些过去在单点上无法解决的问题。

网络效应，即网络带来的价值。随着网络用户数量的增多，网络效应开始呈现指数级增长。如今，通过网络连接所形成的巨大流量，在关键时刻总能释放出超乎想象的巨大能量。一般来讲，网络会形成自传播的效应，而自传播之后的网络还会形成自组织，经过这一过程后，信息的快速分享与传播，会让知识得到更加高效的利用，并且让基于信息描述的商品或服务得以更大程度地被共享，这就产生了今天我们所熟悉的共享经济。

值得一提的是，网络思维带给领导者们的另一个启示是，构建企业间的生态系统。这一理念的背后，主要是生态系统内企业价值的相互协作与有效交换，这样可以为组织系统内每个个体创造更大的价值。

极简思维

极简思维，即抛开烦琐复杂的思考方式，用最简单直接的方式找到解决问题的关键，同时以最简化的方式执行解决之道。

提到极简思维，就不得不提到乔布斯。他在开发苹果产品的过程中，一直秉持极简思维来解决那些看起来烦琐复杂的客户需求。在这一思维模式下，苹果只提供最简洁的产品线，它们的每一种产品线只有黑与白两种产品。这种极简的产品风格，最终打动了客户的心，让他们在没有更多选择的情况下做出了更多的选择，而这也让我们明白了"少即是多"的道理。

逆向思维

逆向思维，也称为求异思维，是对司空见惯的似乎已成定论的事物或观点反过来思考的一种思维方式。一般来讲，逆向思维往往可以帮助我们从思考问题的困境中找到一个新的突破点。其实，这种从问题的相反面深入进行探索的方式，已经被很多企业证明在变革创新方面是非常有效的。

20 世纪 60 年代，福特一家分公司的副总经理艾科卡开始寻找改善公司业绩的方法。当时，他认为实现业绩增长的灵丹妙药在于推出一款设计大胆、能够引起大众广泛兴趣的新型小汽车。在确定了最终决定成败的人就是顾客之后，他便开始绘制战略蓝图。以下是艾科卡如何从顾客着手反向推回设计一款新车的步骤：

顾客买车的唯一途径是试车。要让潜在顾客试车，就必须把车放进汽车交易商的展室中。吸引交易商的办法是对新车进行大规模、富有吸引力的商业推广，使交易商本人对新车型热情高涨。简单地说，他必须在营销活动开始前做好小汽车，送进交易商的展车室。为达到这一目的，他需要得到公司市场营销和生产部门百分之百的支持。同时，他也意识到生产汽车模型所需的厂商、人力、设备及原材料都得由公司的高级行政人员来决定。

艾科卡一个不漏地确定了为达到目标必须征求其同意的人员名单后，就将整个过程倒过来，从头向前推进。几个月后，艾科卡的新型车——野马从流水线上生产出来了，并在60年代风行一时。它的成功也使艾科卡在福特公司一跃成为整个小汽车和卡车集团的副总裁。

艾科卡的故事告诉我们，逆向思维往往能够带给我们意想不到的灵感，而与以往不同的角度恰恰能帮助我们解决关键性的问题。如今，面对复杂多变、充满不确定性的市场环境，量子领导者需要逆向思维带来的意想不到的突破。

缝隙思维

缝隙思维，是指那些困扰我们的根本性的挑战，在一步步改进中实现进一步的突破。简而言之，就是通过自身的努力，让过去没有交付的价值得以弥补，从而向着更好的方向进一步发展。

缝隙思维的应用大多是在产品层面，例如，丰田汽车的精益生产，就是通过持续不断的精益改善，从而实现客户对产品的不断提升的卓越追求，或者通过捕捉那些缝隙机会创造企业独有的特色。如今，随着网络技术的发展，企业之间的联系和整合越来越紧密，而这也为领导者寻找价值缝隙提供了前所未有的机会。

超思维

超思维是量子思维的一种，是建立在量子系统动力学上的关键技能。在商业管理中，传统的思维模式很容易对领导者造成一定的局限性，让他们无法跳出环境审视假设。正如爱因斯坦所说，我们不能用制造问题时的思维来解决问题。超思维的关键就在于，它能够将领导者带到任何一种特定的模型或视角的边缘。超思维能够展现出领导者思考背后的思维，从而使领导者得以超越。

从量子物理的角度来看，任何一个特定的情景都存在无限的可能性，量子世界存在着无限数量的可行视角。领导者通过对量子超思维的培养，就能够在处于各种模式边缘时，轻松应对瞬息万变的情况，随时随地以新的视角来制定战略和决策。

第 4 章

激励行动

——行动力与量子的关系

没有愿景就没有行动力

从科学的角度来看，空间是宇宙的基本组成部分，世界上最多的东西就是空间。按照牛顿物理学的宇宙观，空间就意味着空，宇宙中广阔的空间就意味着难以言传的孤独，而在量子世界里，空间发生了奇妙的变化。如今，人们认为空间充满了场，而场是非物质的、不可见的影响力，是宇宙的基本组成部分。

量子物理告诉我们，粒子是场与场相互作用的结果，两个场相互作用时，就可能有新的粒子出现。与此同时，生物学家对场的描述是："不可见、不可触摸、不可听、不可品尝、不可闻。"所以，我们无法用五官去感知它们，也就是说，场是实际存在的。但是，场是非物质的。

量子物理所描述的世界既有迷人的一面，也有令人费解的一面，场就是很好的例子。事实上，场的存在让我们摆脱"物"的思维模式，我们可以不再将宇宙看成是由互不相关的部分组成的。在场的世界里，宇宙就像海洋，而海洋般的宇宙充满了相互影响和无形的力；在场的世界里，无论何时何地，只要能量交汇在一起，就会产生各种各样的影响；在场的世界里，运动法则就是海洋中流动的法则，转化法则会告诉我们宇宙海洋组成部分的反应。

关于场的理论要求我们以不同的思维方式去认识空间。事实上，如今我们工作和生活的世界已经向我们展示了一个全新的空间世界。在移动网络的世界里，没有人可以看到网络空间，但是，每个人都在网络空间中搜索信息。在量子世界，我们能够从组织空间里寻找更多、更新的发现。那么，当空间不"空"时，领导者应该如何利用无形的因素发挥自己的领导力呢？

对于量子领导者来说，个人愿景是非常重要的无形的影响力。在量子组织中，领导者应该意识到人们是追求意义的。因为个人愿景，人们会超越失败和个人极限。那么，什么是愿景呢？

愿景就是一个人热烈追求的未来梦想。愿景是我们人生目标得以实现后的情形，它是点燃我们激情的燃料；它是我们可以想象得到的、不停驱动着人生向前迈进的动力；它给我们希望，让我们不会因怀疑而停止脚步。从量子领导力角度看，愿景就是组织的目标和方向，我们可以将它看作量子物理中的场。

在传统管理模式中，领导者往往将愿景理解为"设计未来，为组织设定一个长远目标。"在量子时代，领导者可以将愿景看作一个场，让其创造出前所未有的影响力。

首先，领导者要认识到建立愿景是在创造力量，而不是构建一个空间。为员工建立愿景，是在创造影响力，而不仅是为其设定一个目标。

其次，从场的角度进行思考，领导者应该知道，要保持高度的一致性，既要有一致的信息，同时还要有一致的行动。

最后，领导者应该认识到，愿景必须渗透到组织的每个角落，这样才能更好地影响所有员工。

值得注意的是，不一致的行为，将对领导者构成实实在在的威胁。此外，通过领导者的努力，组织系统将成为一个紧密团结的组织，愿景绝不仅仅是挂在口头上的一句话，而是从员工的行为中体现出来的深层动机。

许多公司在创立初期，几乎都只关心"我要怎么赚钱？""我第1年、第2年、第3年分别要赚多少钱？"但这些都不是公司该有的愿景，这样的公司就像没了心脏、没了灵魂的躯壳，不知道存在的意义。在没有愿景的公司，员工上班好像只是为股东赚钱。每天早上上班，员工会问自己："我为什么要上班？为老板赚钱吗？为了付我的贷款？我真的愿意把自己的心神精力都带到公司吗？我愿意把我的创意带到公司吗？"除了这些疑问，人们每天想的只有"到了5点我就可以下班"，员工对公司没有忠诚度，公司生产力会不佳，盈利也就跟着不好。

创意往往要建立在特定的理想或目标上，才能成功。例如，德国的默克制药（Merck Pharmaceuticals），300 多年前创立的宗旨是"把药物带到需要的人手中"。这就是愿景。有一次，默克接受委托研发可以治疗牛肺炎的药物，但没研发成功，却意外发现这种药物可以用来治疗非洲一种导致儿童失明的寄生虫疾病。默克于是和联合国、世界银行等联系，告诉他们有这种药物可以协助非洲儿童治病，默克可以提供药物，但需要由联合国、世界银行配合发送到非洲各地。就这样，数百万的儿童因此被治愈，员工对公司的忠诚度也更高，更喜欢为公司付出。

从场的角度来看，领导者必须明确组织的特征和目标，然后将自己的真实意图表达出来，并在言行上实现比以往更高程度的一致性。领导者应该确保每个员工都处于这个场的影响之下，确保随处都可以获得关于愿景的信息。最后提醒领导者们，在设立愿景时需要做到以下几点：

◈ 鼓舞人心

领导者在用愿景激励员工时，必须设立值得员工呕

67

心沥血去实现的目标愿景，这一目标一定要具有一定意义。因为，只有当我们对愿景怀有深深的热情时，才能让员工在每天的工作中充满激情与活力。当人们谈起它时，也会深受鼓舞。

❖ 可信可靠

好的愿景应该延伸了对现在可能发生事情的感受，从而将我们带入全新的、更好的未来。量子领导者设立的愿景可能会对员工引以为荣的信念和榜样提出质疑，但到最后它必须还是可信的。因为，如果当前的现实与想象的未来之间存在的差距太大，就有可能削弱愿景的可信度，也降低了员工实现它的信心。

❖ 全力以赴

领导者之所以选择这一愿景，是因为它看起来是一个好主意或者是一件正确的事情。所以，在设立愿景时，一定要让员工感到"这就是我的目标，我愿意做一切必要的事情，将愿景变为现实"。

❖ 清晰明确

领导者的愿景应该清晰地勾勒出一幅大家所期望实

现的场景，它应该是一个有益的模板，或者是一系列标准。对照这个愿景，员工可以确定自己的目标，并且评估自己在实现这些目标方面取得的进展。当领导者描绘愿景时，其他人就宛如看到一幅清晰可见的图画，不仅显示了领导者前进的方向，同时也表明了员工应该如何与领导者一同朝着这个方向前进。

使命感赋予行动意义

使命一词来自于拉丁语"Vocare"，其意思是号召接受神职，接受神的召唤。在量子物理世界观下，使命感就是一种更高的服务奉献精神，是让这个世界变得更加美好的一种精神驱动力。一个优秀的量子领导者，应该懂得如何通过使命感，赋予员工追求更高远人生道路、达成更深刻人生目标、践行内心深处理想的行动力。

比尔·乔治在担任美敦力公司首席执行官期间，使这家世界上最大的心脏起搏器和植入型除颤器制造商的公司股东年度回报率达到32%。比尔在解释这个超乎寻常的绩效时指出公司的使命——"还给人们整个生命和健康"。没错，正是这一使命感带来的变革力让他带领公司实现了非比寻常的业绩。

乔治说："让每一个走进美敦力的人感到震撼的第一件事情是使命感。它无处不在——在每个建筑物的墙上，在钱包中的名片上，在每个员工的背包和办公桌上。每个员工旁边都有照片，照片中的患者来自各行各业，不同年龄，生活在全球的每一个角落——他们的身体都植入了美敦力的产品，他们看起来快乐而健康。"

对于大部分公司来说，领导者最关心的就是如何实现利益的最大化，如何让公司的股东获得更大的财富。但是对此乔治却表示："专注于短期（股东）价值的真正失败，在于它无法激励更大数量的员工实现超过预期的绩效。"

虽然事实上仅仅用金钱就可以激励（至少一部分）员工，但当贪欲超过更有意义的目标时，这样做是十分危险的。没有一个有意义的目标，在追求个人收益过程中就无法抵御超越道德界限的诱惑；没有使命感，领导者和其他人都可能成为唯利是图的人。为了建立更好的管理机制，领导者应该永远努力使事物变得比现在更好，公司必须拥有能抵抗过去的引力，激发个体不断提升的使命。

卢克是一家医院的清洁工。有一天，一个患者的父亲跟卢克大发脾气，说他没有打扫自己儿子的病房，但其实卢克已经打扫过了，只不过当时这位父亲不在场。在卢克与这位父亲理论时，他像突然意识到了什么一样，突然停了下来，并马上向对方说："对不起，我会去打扫房间。"

卢克为什么不据理力争了呢？原来是他一下子理解了这位父亲，他的儿子已经在医院躺了六个月，他自己每天焦头烂额，精神极度紧张。想到这些，卢克也就不那么生气了，而是当着这位父亲的面又把房间打扫了一遍。

卢克的一位同事，在清扫医院大堂时看到一个刚刚做完大手术的患者正在恢复性地锻炼上下楼梯，他马上就停下手里的工作，因为他怕刚刚拖完的地太滑，会让患者摔倒。卢克的另外一位同事，每周都会给病房换一幅画，给患者跳舞，甚至还为患者讲笑话、说脱口秀，逗他们开心。

医院清洁工的工作职责无非就是打扫房间，保持医院环境的清洁、卫生，理解和关心患者，让他们心情愉快并不在清洁工的职责范围之内。但是，卢克和他的同事们会为了鼓励患者和家属，在他们需要时给他们安慰，想方设法分散他们的痛苦。这些清洁工并没有死板地完成岗位职责，而是把医院"救死扶伤、缓解痛苦"的使命感内化进了他们对工作的理解当中。

当工作因使命感而具有意义与价值时，人们就会做超出"工作"和"职业"要求范畴的事情，工作不再是获取报酬的途径，而变成了成就感、荣誉感和使命感的来源，而当工作被赋予使命感时，员工不会被动地等待着工作任务的来临，而是积极主动地寻找目标；不是被动地适应工作的要求，而是积极主动地去研究变革所处的环境，并且会尽力做出有益的贡献，积累成功的力量。所以，想要赋予员工积极主动的执行力，定要让员工因使命感而工作，而不是为了老板，为了企业，也不是单纯为了一份薪水而工作。

那么，作为量子领导者应该如何激发团队的使命感呢？

◈ 信任驱动使命感

有过开车经历的朋友可能都有这样的感受：如果坐在副驾驶位子上的一个人总是指挥你，一会儿告诉你怎么还不变道，一会儿催促你前面有人赶快刹车，无论这个人是谁，你都会有想把他推下车去的冲动吧。没有人愿意像个提线木偶那样被人摆弄。如果领导者想让员工把工作当作自己的事情来做，就要把他当成年人对待，给他足够的信任，管理他的工作目标而非工作过程。

◈ 给员工决策的权力

团队必须要有领导，但是最好不要有权威。没有人是无所不能的。所以，为什么一定要让某个人承担所有的决策责任呢？树立权威对团队的伤害是非常大的，它会让团队成员放弃独立思考的能力，放弃自己的责任。领导者应该勇敢地将决策权交给员工，这样不仅不会带来多少损失，反而会带来极大的收益。信任你的下属比你更加专业，他们的信息比你更全面和及时。最关键的是，你只有给了他们权力，他们才愿意承担责任。

❖ 激发员工的认同感

让每个员工都对组织产生认同感，这是对企业提出的更高要求。一般来讲，认同感的形成，不仅需要对使命感的认同，而且还要在员工内心植入更多情感和思想。认同感需要长时间的经营，要让员工了解企业内部活动和相关信息，让员工通过对企业日常行为的观察，了解企业的特征和行事准则，当这些准则和员工的价值观一致时，员工就会对企业产生认同。

❖ 为员工营造具有安全感的环境

人是社会动物，人的社会属性，决定了外界对人的各种刺激将产生不同的反应，而这种反应会影响人的行为表现，从而影响员工在企业的表现。对于那些符合团队要求的员工，领导者应该利用各种机会，运用各种手段表现出肯定与认同的态度，为员工营造一种职业安全感，这种安全感其实也是一种广义的报酬。在具有安全感的环境下工作，员工就会有归属感，会对自己的职业产生良好的预期，更加看重自己长期职业素养的提升，从而激发自己全部潜能，并投入到工作中去。

❖ 信息充分透明

在等级森严的组织架构下，信息壁垒处处可见——部门和部门之间互相不了解，领导和一线员工互相不了解，员工和员工互相不了解。如果团队成员互相都不熟悉，怎么可能有共同的使命感呢？量子领导者应该打破信息壁垒，通过内部的网络，让每个员工不仅可以获得和自己工作相关的信息，还能获得其他同事、其他部门的信息。如果说信息壁垒严重的公司像一个乐高积木搭建起来的建筑，那么，量子领导者就应该打破壁垒，让公司像一个流淌着信息血液的有机体。

价值观驱动行动力

在牛顿思维体系下，从某种意义上讲，人本身对社会发展并不是重要的。相反，量子理论和量子逻辑却为我们提供了不同的观点：当人们提出问题之后，这个问题会使现实发生。思维将影响现实，人的思维一旦开始，他的想法就会影响现实。简而言之，人们的思维、决定、行动，就是创造现实世界的力量。作为量子时代的成员，我们对世界负有责任，我们的生命及行动都具有十分重大的意义。

在量子时代，商业领域同样要对这个世界负责，作为量子领导者，要带领企业赚钱，获取更多利润，同时你的企业也应该承担更多社会责任，肩负一定的社会使命，而这就要求企业具备健康积极的价值观。

价值观就像是能量量子群，它代表了大多数决策背后的期望、信念或者传统行为等，用最根本的方式决定了商业组织的气氛和文化。当员工的个人价值观与企业的价值观协调一致时，两者就会产生共鸣，有助于企业提高生产效率。

阿里巴巴在中国电子商务市场取得的巨大成功，与其创始人马云早年为企业定下的"让天下没有难做的生意"这一宏大的企业使命有着密不可分的联系。阿里巴巴在经营过程中一定历经了各种艰难困苦，是这一使命与核心价值的驱动力，不断引领阿里巴巴的管理团队克服外在的阻碍和内在的压力，让他们得以超越生意本身，回到价值的原点，去思考自身存在的意义和价值，激励他们不断提出新的创意，更好地赢得市场与消费者的认可。

企业文化中的准则或者期望的行为，以及确定这些准则或行为的价值观，往往都是通过组织领导者的行为及他们的期望而有意或无意确立的。由此可见，领导者所说的话无疑是十分重要的，但领导者所做的事比组织中任何个人所做的事都更重要。

作为量子领导者，首先要明确企业的价值观，然后，就要严格遵循自己所秉持的价值观。更为重要的是，领导者还应懂得运用健康积极的价值观，驱动员工的行动力。事实证明，领导者提出的价值观管辖的是员工的行为，无论你是谁、无论你来自哪里，面对同样的问题，你的反应应该是一样的。当员工认同企业的核心价值观后，它就会成为员工的 DNA，成为基因的一部分，员工就会自然而然地执行工作，而不需要任何命令、任何解释。

在一些领导者看来，价值观只是口号，所以，很难考核价值观对员工的驱动力。可事实上，价值观是行为，领导者完全可以把价值观变成行为去考核，通用电气公司（GE）对价值观的考核就非常值得我们借鉴。

GE通过"价值观—业绩"图来评估和描述不同的员工。在评估员工时，会依据其价值观与业绩情形做出断定，这也充分反映出GE很注重员工的价值观与业绩。

第一种，能够实现很好的业绩，又能够认同GE的价值观。这些人是GE的"明星员工"。

第二种，这类员工业绩不太理想，但可以认同GE所有的价值观。GE会给这部分员工第二次甚至是第三次机会，盼望他们能够改善业绩。

第三种，既做不出好的业绩，又不能认同GE的价值观。对这部分员工，GE绝不留情，会让他们立刻卷铺盖卷走人。

第四种，这部分人业绩不错，但却不可能认同GE的价值观。治理这部分员工很有挑战性。GE曾经的CEO杰夫·伊梅尔特认为，假如这部分人是通过诈骗等违背规矩的方法来获得业绩，应该要把这些员工开除。虽然他们的短期业绩不错，但是他们会腐化全部机制，会损坏整个配合的环境，会使GE甚至GE的合作搭档受损。

伊梅尔特在接受中央电视台《对话》节目采访时表示：GE 业务遍布 200 多个国家和地区，我不知道大家在干什么，我也不应该知道他们每天在干什么，但是我知道碰到生死攸关的价值观的问题时，他们每个人的反应都是一样的。例如，"能否行贿拿到订单"这个问题，上海、伦敦、东京……世界各地的 GE 分公司反应都一样。我都知道，我很安然，我们的员工会说"不可能"，这是 GE 诚信的价值观。

毫无疑问，价值观对员工行为的驱动力是显而易见的，所以，作为量子领导者更应该强调价值观对员工行为的引领作用。此外，领导者还应该辨别那些重视了员工最强烈动机的价值观。如果你掌握了那些最强烈的动机，你的员工将欢欣鼓舞地投入工作，全力以赴地开展每项行动。

第 5 章

组织变革

——组织构架与量子的关系

打破层级架构，参与式自主管理

在以牛顿思维模式主导的科学管理体系下，领导者们总是以工程的角度看待工作和员工，他们试图通过"时间—动作"的分析，将工作分解为若干相对独立的任务，即使毫无经验的人也能在管理者的指挥下按照步骤完成任务。在量子时代，依据这些思想所建立的僵化的、零碎结构显然不再适用，量子领导者需要掌握的是打破层级机构的参与式自主管理。

近年来，随着互联网经济的快速发展，商业管理领域开始推崇参与式管理方式，尤其是在人们对量子物理科学有了进一步认识之后，对生命组织原则出现的新的理解，更是让我们发现生命根本离不开"参与"。从量子物理的角度看，所有生命都依照灵活的自主决策来参与自身的创造。所有生命都积极地参与到周围的环境中，实现共同适应和共同进化。

在传统管理模式中，领导者们总是忙于快速组建团队，然后致力于如何让团队有效工作，他们总是为解决个性化问题而困扰，尽量避免冲突、损失。然而，所有这些问题的源头都是人，可领导者们往往最容易忽视人所带来的重重困难。对于量子领导者来说，他不应该是组织系统权威的象征，更不能像个救火队员一样哪里出现问题就出现在哪里。事实上，优秀的量子领导者最主要的工作是对员工的贡献给予认可。领导者应该主动成为员工的帮手，充分释放权力，让员工更自主地参与到管理工作中。

在很多人看来，无论是企业还是其他团体，层级明确的管理模式才是合理且高效的。事实真的如此吗？接下来我们就来看看，讲权威、讲纪律的美军为何打破层级架构吧！

在每一支庞大的战斗部队中，等级制度都是不可或缺的一部分。对于领导者必须尊重，这是硬性规定。士兵受到这样的教育：高级军士长或者尉官在发表讲话时必须立正，"是，军士长！"或者"是，长官！"表达了对军衔制度的尊重。在战斗中，如果有人拒绝执行命令或者执行命令有所迟疑，将会造成灾难。但与此同时，僵硬的上下级统治关系以及军官的绝对权力使得距离炮火最近的士兵，无法迅速根据实际情况进行调整，也无法快速执行。当一个下级必须花时间向距离战场很远的军官询问命令细节时，他又如何抓住转瞬即逝的战机呢？为了贯彻传统的命令与纪律观点，我们其实付出了很大的代价。

垂直和水平的层级化管理在几个世纪的时间里维持了军队的秩序，而我们在伊拉克所面临的环境是快速变化且各方面因素相互依赖的，这种环境与上述层级管理方式已经格格不入。规范信息要经过很长的距离进行传输，决议要通过好几个节点才能通过，连我们最高效的体系也开始慢得令人无法忍受。那些曾经确保可靠性的指挥链如今在束缚我们的步伐；那些部门的划分和安全许可制度曾经确保我们的数据能够安全，如今却在阻碍体系内的相互交流，而这种交流是与灵活的敌人作战时必需的；那些曾经让我们保持戒备状态的内部竞争行文化，如今却在使我们难以运转；那些曾经能够阻止发生的规定和制度，如今却在扼杀我们的创造性。

为了击败伊拉克"基地"组织，我们必须变成一支前所未有的类型的部门。这种转型没有先例，无人能够给予指导，我们必须在战争中进行摸索。正如我们经常说的，我们"是在飞行途中对飞机进行重新设计。"

当前，信息技术的发展为我们带来新的管理工作。在量子时代，信息通过一个不可见的要素——"意义"进行组织。当我们生活的世界通过这些不可见的力量进行组织时，那么，我们就必须考虑采用新的过程与方法进行管理，抛开过去的管理与控制方式，转而实现参与式的自主管理。

在组织关系系统中，相互依赖和自主管理都是必不可少的，领导者充分授权，让员工进行参与式自主管理，往往更有助于组织系统的稳定运转。总体而言，自由并不意味混乱，反而会让组织系统更为一体化，让组织系统能够更好地为其他成员提供更多的支持。

卓有成效的"自组织"

在传统商业模式中，大部分企业都是管控型组织，在这样的组织系统中，所有事情都要依据自上而下的行政指令去落实。在量子时代，领导者应该认识到繁重的、自上而下的等级制度和结构管理不仅限制了组织系统新的发展，同时也浪费了量子个体作为自发性创造性资源的巨大潜力。

量子领导者应该建立能够促进个人和组织的领导力，而这需要提升组织内部信息的流动性和组织成员的责任心。事实上，在企业内部，无论是个人、团队，还是部门机构，必须自由地重组，组织的决策权力需要在一线工作者和一线领导者中重新分配。在量子混沌系统带来的创造与创新思维中，自下而上的"自组织"开始大量涌现。

"自组织"的概念源于诺贝尔奖获得者、比利时物理学家普里戈金提出的系统控制中的耗散结构理论。这一理论揭示了地球上生命体和组织体都是远离平衡状态下的不平衡的开放系统，它们在不断地与外部环境进行物质和能量的交换。这个系统在远离平衡状态的条件下，是无序的，但又在组织之中。与此同时，其在跟外部环境进行物质、能量交换的过程中，一些非线性变量一旦发生突变，并且积累到一定程度（临界点）的能量后，就会产生质变，经"自组织"从无序走向有序，形成新的稳定有序结构。

总体而言，"自组织"是指组织系统受内在的、不确定的、非线性变量所影响，通过外部环境、信息与能量的不断自我调适，从无序结构到有序结构的一个过程。

韩都衣舍是一家通过 20 个子品牌实现了 100 亿元销售目标的典型"自组织"企业。在韩都衣舍，有 200 个产品小组，每个小组由三个人组成，一个设计师（选款师）、一个页面制作专员、一个货品管理专员。每一款单品，从设计、拍摄到销售，都是由一个小组来完成的。

围绕小组制，整个管理架构分为三层：

一是与品牌相关的企划、视觉、市场部门；二是IT、供应链、物流、客服等互联网支持部门；三是人力、行政、财务等行政支持部门。整个公司的核心是产品小组，而市场、企划、客服、行政、财务等部门全是小组的支持部门。

在每个产品小组里，责、权、利完全统一，也高度自主。每个小组可以自主决定产品的款式、定价、生产量，小组的 KPI 与销售额、毛利率、库存周转率相关。小组业绩越好，组员的收入越高，小组长必须以老板的思维方式去看数据，从而制定产品策略，并关注毛利和库存指标。

各小组也会被动态考核，排名靠前获得奖励，而排在末位的小组，会被解散重组。小组长变成老板，解决了员工职业升迁的问题，员工再也不用为提高收入而挖空心思考虑升职的问题，只需要专注地将产品做好。由于小组内"责、权、利"高度统一，每个人的成长都非常快。小组里的三个人，每个人的"责、权、利"不一样，往往是一个组长带两个"兵"，而当"兵"慢慢成长起来，想自立门户时，原小组就会分裂出新的小组。

一般来讲，"自组织"具有以下四个特征。

特征一："1+1+1＞3"系统效应

"1+1+1＞3"也就是人们常说的"整体大于部分之和"，公式中的"1"，即组织中的个体或局部群落，相对于组织整体，是"较低层级的"。通过某种纽带和机制将它们连接起来，并使之相互作用和协同，就可以产生个体无法企及的整体的、系统性功能，这是合作达到的效果，是一种非零和共赢的局面。

特征二：分布式控制

"分布式"一词当下用途比较广泛，例如，"分布式能源"、大数据中的"分布式计算"等。不同于传统科层式组织通过一个控制中心控制组织的方向、运行过程和功能，分布式控制是去中心的、分散的、多中心的控制。一般来讲，这样的组织中的次级部分或局部，可以作为一个相对独立的主体自我控制、自我应对变化、自我修复和生长。值得一提的是，分散式、多中心并不意味着组织内部相互离散和割裂，而是彼此联系和相互作用的。

特征三：非线性与突变

所谓"非线性"，主要是指因果关系不清晰、自变量因变量之间的变化比例不对等、事物之间的联系复杂多维；所谓"突变"是指变化在时间、地点、方向、范围、程度上具有不确定性，也就是说，我们不知道突变何时发生、何地发生、因何发生、后果如何等。

特征四：自我修复和自我演化

一个组织系统，当能量消耗殆尽之后，只要是开放状态，就能与外部发生能量、信息的交换，就能重新恢复结构和功能。组织内部的运行、成长、逻辑在一定的条件下总是能让组织轮回再现并进化成长。

"自组织"在获得成功经验后，会把这些操作方式复制推广到成千上万人身上。

对于量子领导者来说，"自组织"这一去中心化的管理方式以一种更科学的方式，将蕴含在人本性中的积极能力释放出来，将蕴含在团队中的能量场打开，让能力和能量更好地用在提升效率上。那么，量子领导者应该如何在传统组织内强调"自组织"，发挥"自组织"管理的作用呢？

首先，"自组织"要履行自己的使命。事实上，使命就是员工精神上的"新老板",其可以真正触动员工的感情或事情。当员工面临选择要做决定时,是使命而不是领导者告诉你如何选择。在"自组织"内人们没有传统意义上的老板,使命就是他们的老板。在真正的自我管控的系统中,使命的意义是非常重大的。

其次,量子领导者应该清楚,"自组织"并不等于无组织。"自组织"这种组织的秩序不是预先设计好的,而是自发形成的。自发从无序到有序,最终的目标是有序,提高效率,激发员工的行动力,让组织系统可以协同产生价值。简而言之,"自组织"作为一种组织形态,其内在本质追求并没有变,只是组织的形态、内部的运行机制以及内部控制方式发生了改变。

再次,量子领导者在管理"自组织"时一定要有足够的透明度。领导者想让"自组织"管理并发挥积极作用,那么组织中的各个职能部门之间就不能再保密,不能再有自保机制,透明化程度越大越好。"自组织"是开放式管理,你能承受多大透明度,最好就有多大透明度。你需要了解这些,需要知道哪些有边界,到底有哪些矩阵和原则,并且以非常清晰的方式让所有人接收到,以便最大程度地做好。

最后，量子领导者要把握企业内部进行"自组织"管理的三个核心要素，即共创、共享、共治。

共创，即人人都是价值创造者，人人都可能变成价值创造的中心。

共享，"自组织"强调利益共享，同时更强调构建利益共同体。

共治，指的是组织内部有一定的民主价值诉求表达，其强调群体制度，主张由大家一起制定规定，强调员工的参与和达成共识。

敏捷高效的"小微模式"

量子的复杂系统充满了不确定性，让一切都变得难以预测。在量子时代，我们的世界处于有序和混乱之间，处于粒子和波之间，同时也处于现实存在和潜在可能之间。量子世界的不确定性让组织系统变得更灵活，可以向任何方向发展。

量子组织必须是非常灵活和反应敏捷的。当企业组织内部和外部环境变得越来越模糊、复杂且快速变化时，组织系统必须不断发展，不断变迁责任和身份，以找到一种新的工作方式，这其中海尔集团实施的敏捷高效的"小微模式"就非常具有代表性。

海尔是我国最早在量子科学管理的思维模式下探索平台化组织变革的企业之一。海尔提出的"小微模式"是把"金字塔结构"的封闭型企业转型为对企业内部、外部人力及资源开放的"投资管理平台,"这一模式对内强调小分权管理，对外强调构建开放式创新体系。

从量子物理的角度来看，整个宇宙的微观实质就是高频率，高速震动的能量场，范围越小亚原子粒子震动的频率就越快，这是由事物本身的物理性质所决定的。在海尔的组织系统管理中，经营环节划分得更小，团队划分为小微，小到让员工个体独立核算成为他们自己的利润中心（创客）。如此一来，组织环节越小，完成一次工作的周期就越短，频率也越快，效率自然也会相应提高。更为重要的是，这样的组织往往越具有创新的可能且创新成本更低，创新速度更快。

作为量子领导者应该清楚，平台越大越应该将经营单位划小，这样才能让规模优势与敏捷高效两者都能充分体现。试想一下，当每一个小环节都能高效运转时，组织系统整体就显现为高效。在海尔的系统平台上，当1000多个小微组织，7万多名创客都在高速震动时，整个海尔就极为高效。

在传统的组织管理模式中，许多企业并不将独立核算的经营单位划小，核算的单位是企业，核算的周期是季度、年，这样的企业反应一般都很迟缓。当环境改变需要转型时，它们就会陷入"船大难掉头"的困境。与此同时，当企业整体的核算结果与各经营环节，尤其与员工无法形成直接关联时，员工会觉得企业效益与自己无关，这样就很难产生激励，企业整体就会出现巨大的下滑势能。因为，传统的管理模式是老板一人在经营企业，而海尔是所有人都在经营海尔，"船小好掉头"，当无数小船都在轻易地不断掉头调整方向时，大船就能不知不觉地符合时代的方向。所以张瑞敏说"人人都是张瑞敏"。

在实施"小微模式"之前，海尔业务线性串联，业务关联有前因后果，需要用时间逐步推进。在实施"小微模式"之后，海尔1000多个"小微"又拥有数不清的用户，用户也是海尔的一部分，他们同时也在根据自己最贴近的市场，随时参与海尔的产品开发。他们的需求天天在变，甚至每一分、每一秒都在变，此时线性串联的迟缓响应已经无效，只能用矩阵并联的方式协同响应。以"小微"为中心自行响应并调动平台资源，每时每刻，每个"小微"、创客都在与外界其他小微和创客关联、振动，吸收和释放能量，与客户和市场不断交互创造新的可能。我们看不见因果，只看得见整体呈现出无限的创造活力，就像沸腾的"量子之海"，呈现出一个整体关联且混沌的"复杂自适应系统"，整体关联且能自我学习成长。

总体而言，海尔的"小微模式"在建立敏捷高效组织系统之外，还有以下几个显著特征。

首先，通过企业中间层向"平台主"的转化，使得企业内部市场需求的传递效率最大化。当业务决策层距离用户前所未有地近了，其产品的设计者与制造者也能准确地感受到市场压力。

其次，通过资源开放与内部竞争，激发员工的创新热情。同时给真正有想法、有能力、有愿望的"合作者"提供更好的发挥与创造的空间。

最后，对于大体量企业而言，层级的减少能有效地提升内部沟通效率，同时降低相对的运营成本。抛弃了原有大集团中的流程束缚，小微可以不断地与用户交互，在多次实践与尝试中探知用户需求，从而将各种好想法变成产品。因此，这种模式不仅有效提升了组织决策的客观性，更是以大化小，让大体量的传统企业在做产品设计与市场决策时拥有了小企业一般的洞察力与敏捷性。

毫无疑问，敏捷高效的"小微模式"是海尔集团在互联网经济大潮中，依然保持良好的发展势头的重要保障。那么怎样才能像海尔一样，通过"小微模式"在量子时代成功转型呢？接下来我们就来看看海尔实施"小微模式"的关键内容。

❖ 发展路径

以"小微主"发展为例，它由原来的线性发展（以"岗位"为基础的发展），转变成聚焦价值的非线性发展。主要表现为三个路径：

路径1："小微主"可以将自己的小微价值做大，实现价值升级，从而具备竞单"平台主"的发展机会。

路径2："小微"可以不断裂变冒出新的"小微"。

路径3："小微"可以不断发现新机会，做大价值后发展为平台，即"小微主"发展为平台主。

❖ 模式

海尔平台上的每个"小微"（每个人），可以通过多元化的展示平台、优秀"小微"示范和分类提炼出的优秀"小微画像"，学习借鉴"小微"成功的要素和模式，从而找到自己关差与发展（认清差距，明确未来发展方向与目标）的路径。同时，海尔会通过动态显示，去看"小微"在发展过程中是否偏离了目标，从而帮助他们聚焦目标；在这个过程中，海尔也会应用一些人才发展工具作为辅助。

❖ 驱动机制

在海尔平台上，"用户付薪"和"按价值发展"是相互闭环的，"用户付薪"颠覆了以往的领导评价、企业付薪为用户评价、用户付薪，每个人只有为用户创造出价值才能分享到价值，而高价值则意味着高分享。

在用户付薪的基础上，海尔也建立了"创客认可激励平台"，营造积极、持续创造用户价值的组织氛围；激励员工统一目标、并联协同，为倡导的行为相互点赞，积极转型；激发创客为用户创造更多的价值。

与此同时，海尔设立了"三金"大奖，分别是针对小微组织的"金榕树奖"，针对小微主和全员创客的"金锤奖"，以及针对平台主的"金网奖"。每个月和每个季度均会进行动态评奖，年度累计产生年度大奖。获奖者将通过企业的社交平台和媒体进行宣传，成为全员学习的示范标杆。

❖ 资源配置

海尔为员工提供了很多开放的发展资源、学习平台和加速发展的工具包，帮助大家寻找差距并提升发展速度。这些支持人才发展的资源既有海尔平台内部的，也有来自外部的。

例如，海尔建立了不同类别的创客小微训练营，创业团队员工可以根据自己的需求选择不同主题的训练营，通过线上的微课、社群，线下的课程、工作坊和实地探访等多种形式，全面提升员工的能力。不仅如此，海尔还会为创业团队提供创业导师，这些导师有来自样板示范的优秀小微主、平台主；有来自外部的风投方、资源方等，他们可以帮助诊断创业项目、团队能力、用户需求与战略目标之间的差距，从而更有针对性地提升创业团队的关键能力。

第 6 章

转变思维

——思维模式与量子的关系

转变思维走向新世界

　　量子物理学家大卫·玻姆（David Bohm）说："世界一切问题，皆源自思维问题。"如今，我们所处的世界是一个急速变化的世界，接连不断的问题、危机，让世界充满了不确定性。如果你想要妥善地应对改变，那么，你就要从根本上转变思维模式。

　　在传统管理思维模式里，员工就像一颗螺丝钉，他

们只需要按照领导者的指令行事，按部就班地完成领导
分配的任务即可。可事实上，企业组织不是机器，人也
不是螺丝钉。尤其是在互联网技术、智能技术的发展让
世界变得更加繁复庞杂的今天，过去的管理方式已经无
法妥善处理现状，领导者已经无法凭着命令、指令来处
理事物的复杂性。在复杂多变的量子时代，领导者要适
应繁杂的现代事物，就需要转变思维方式，以创造性思
维与量子思维帮助企业迎接改变与挑战。

转变思维的必要性

德国量子力学物理学家、诺贝尔奖获得者马克斯·
普朗克说："当你改变看待事物的方式时，你所看到的
事物便会随之发生变化。"在商业管理中，许多企业家
与领导者都有一套自己的思维方式。当领导者使用他们
习惯的那一套思维方式分析问题或者规划未来时，效率
与价值是最重要的衡量标准。然而，在量子时代，传统
的思维模式并不能很好地适应事物的复杂性与不确定
性。因此，对于量子领导者来说，转变思维是非常有必

要的。

一个犹太人走进纽约一家银行，来到贷款部，大模大样地坐下来。

"请问先生您有什么事情吗?"贷款部经理一边问，一边上下打量这位客人的穿着：整洁时尚的西服、高级定制的皮鞋、昂贵的名牌手表，还有镶嵌宝石的领带夹子。

犹太人说："我想借钱!"

贷款部经理回答："好的，您要借多少?"

犹太人："1美元。"

贷款部经理："只需要1美元?"

犹太人："不错，只借1美元。可以吗?"

贷款部经理："当然可以，只要有担保，再多点也可以。"

犹太人："好吧，这些担保可以吗?"

犹太人一边说，一边从豪华的皮包里取出一堆股票、国债等，放在经理的桌子上。

犹太人："总共50万美元，够了吧?"

贷款部经理说："当然，当然! 不过，您真的只借1

美元吗？"

犹太人："是的。"说着，犹太人接过了借来的1美元。

贷款部经理接着说道："我们的年息是6%，只要您付出1美元6%的利息，一年后归还，我们可以把这些股票还给您。"

犹太人对经理表示感谢之后，准备离开银行。一直在旁边冷眼观看的银行行长怎么也弄不明白，一个拥有50万美元的人，为什么要来银行借1美元？于是，他慌慌张张地追上前去对犹太人说："这位先生，我实在弄不明白，您拥有50万美元，为什么只借1美元？要是您想借30万、40万美元的话，我们也很乐意的。"

犹太人笑了笑说："请您不必为我操心。我在来这里之前，问过几家银行，他们保险箱的租金都很昂贵。所以，我就准备在贵行寄存这些股票。租金实在太便宜了，一年只需要花6美分。"

要成为量子领导者，最关键的就是转变思维方式。如果你想要改变企业组织的结构和领导力，就要改变传统的思维模式。首先，必须改变思维背后的思维。想要实现真正变化的领导者必须保证，让自己的意识跳出原有的思考和行动范围。领导者必须掌握其他方式，或是愿意尝试其他方式。值得一提的是，领导者必须学会从根本上提出新的问题，让自己置身于观点和思路都不相同的环境中，从全新的角度看待自身、世界以及企业组织的各种关系。

思维的转变绝不是把房间的旧家具东搬西挪，不是换汤不换药，而是要彻底改变房间的格局。改变格局意味着以一种全新的组织形式开展行动。在量子领导力中，这种全新的形态被称为量子组织，构建这一符合时代特色的组织要用一种新的思维方式去思考。

颠覆传统的量子思维

人类创造性的思维来源于心灵层次，产生于大脑的动态活动。一般来讲，大脑的动态活动与量子物理学和复杂科学中所描述的过程是非常相似的。简而言之，人类的创造性思维和量子思维极为类似，所以，我们也称创造性思维为量子思维。在商业管理领域，我们可以通过一种语言或一组图像，甚至一个组织模型，从现在的语言、图像和组织模型中培养具有创造力与创新性的量子思维，从而找到适合新时代的量子领导力。

在量子时代，每个公司就像是一个"量子"元素，通过商业活动与外部世界中的其他量子产生"纠缠"。在公司内部，员工作为"观察者"，他们的想法和行为都会对公司最终的结果产生极大的影响。总体而言，量子思维模式为企业和领导者带来了颠覆性的改变，而这一全新方式包括以下特征。

特征一：尊重员工个体价值

传统管理思维模式下，组织中的每个个体都被看作是一颗螺丝钉、一个简单的工具，其价值非常有限，而且必须和其他分子组织起来才能产生能量。然而，"在量子世界中，只要用正好的能量将电子踢一下，它就会立马从一个能级跳到另一个能级。这叫作量子跃迁"。将这种量子思维运用到管理中，就需要领导者尊重每个员工，尊重群体智慧的力量。

量子思维要求领导者尊重每个微小个体的话语权和参与权，强调群策群力。在互联网经济环境下，驱动企业发展的不再是企业家、领导者，而是员工，员工就是价值创造的源泉。这一主张不仅与量子思维一致，同时与知识经济时代人力资本越来越成为企业价值创造的主导要素这一理念相适应，并符合时代发展趋势。

特征二：利他商业模式

从量子力学的角度看，基本的微观粒子（如光子和电子）同时拥有粒子性和波动性，即波粒二象性。粒子包含振动弦的能量，振动发生时会影响周围没有振动的弦和能量，从而导致弦能量的相互作用。这一视角告诉我们，宇宙中充满了有趣的互动式关系。由此，我们发现万物是密切相关的，当每个人都从私利出发时，事情就会受阻。我们每个人都是世界的创造者，助他人者必得人相助。所以，从量子思维的角度出发，领导者应该建立生命共同体的组织系统，让组织和员工、员工和客户之间不再是单纯的利益关系，而是共创、共享的关系。

东方智慧强调的"利他"文化与量子思维提倡的价值观极为相近，它们都强调"达人利己"，主张"厚德载物"。在量子时代，这种思维方式在企业里，首先体现为客户价值优先，先让渡客户价值，然后才有自我价值。其次这种思维方式强调的是竞合关系，而非零和博弈关系。最后这种思维方式要求我们成就他人，成就客户，成就员工。

特征三：成为服务型领导者

以量子思维的角度来看待管理时，领导者的角色自然也会发生转变。在牛顿管理模式下，领导者就像是大海中的"灯塔"一般，站在高处引导和决定员工的方向。在复杂多变的混沌环境中，作为"灯塔"的领导者也会看不清方向。那么，此时量子领导者应该如何发挥领导力呢？

首先，拥有量子思维的领导者应该放弃权威，成为组织系统的组织者、参与者。量子领导者应该是企业组织的服务者和支持者，以共同的愿景和价值观来激发组织成员，而不是以权威来分配工作任务。其次，拥有量子思维的领导者还应该懂得自我批判，拥有独立思考能力，能够跳出固定思维模式，重新构建体系，敢于接受未来的各种挑战。

特征四：组织结构创新

传统的组织结构包括直线制、职能制、直线职能制、事业部制，这些结构都体现了牛顿式的直线思维。组织内部的管理都是自上而下的，职能部门各自为政，就像台球相互碰撞后各自散开。

量子思维采用矩阵制结构，其摒弃了"自上而下"的管理模式，来自不同职能部门的人为了完成一个共同的目标而相互融合，如同能量球相互碰撞后融合在一起而产生新的能量。如今，在量子思维之上，借助新技术的力量，组织结构也出现了一些新的形式，例如，虚拟组织、无边界组织、自组织等。

关于量子思维的思考

自 20 世纪初，来自丹麦的玻尔、德国的海森堡、英国的狄拉克、奥地利的薛定谔、法国的德布罗意等一大批科学巨匠，通过对波粒二象性、测不准原理等方面的研究，创建了与牛顿经典物理相对的量子物理以来，量子力学在很长一段时间内都只是物理界的一种学说。如今，随着科技的快速发展，量子物理学涵盖的研究对象和内容，早已远远超出了物理学这门学科，成为一种带有世界观性质的普遍理论和思维方式，我们将其称为量子思维。

当科技发展将人类社会带入全新的量子时代，量子思维将指导人们的思想和行动。从量子思维的角度来看，在以人为主体的信息社会中，带有波动性和跳跃性的事物是不连续的、非渐进的，事物与事物之间的因果关系是异常复杂的，事物发展的前景完全是无法精准预测的。以牛顿思维来看，企业、个人，甚至整个社会都不可能出现跳跃式的发展。然而，随着信息技术与智能科技的发展，人们的生活方式和思维方式都在不断被颠覆和改变，以量子思维看待世界，经营企业、管理企业的思维方式，让我们有了实现跨越式发展的机会。

量子时代的四个特点包括不连续性、跳跃性、复杂因果关系和不确定性。

◈　不连续性

传统观念认为，一切过程都是连续的。然而，在量子时代，一家企业的成长可能根本没有连续轨迹可寻，肯定会出现断点；一个员工的晋升路径也不再是一级一级连续地升上去，而是有可能跨级提升。

❖ 跳跃性

从技术的角度看，量子跳跃属于突然的、不连续的变化；电子从一个轨道直接跳入另外一个轨道，并不跨越任何中间阶段；电子开始处于一个位置，然后突然出现在另外一个位置，中途没有一丝运动的痕迹。从管理上讲，跃迁，就是从一个状态跳到另一个状态。在传统思维模式下，跳跃是一种极为罕见的成长状态，而在量子物理中，从一种状态跳跃到另一种状态其实是一种非常平常的状态。

❖ 复杂因果关系

一只南美洲亚马逊河流域热带雨林的蝴蝶，偶尔扇动几下翅膀，可能在两周后引起美国得克萨斯州的一场龙卷风，这就是蝴蝶效应，我们可以将其看作复杂因果关系。

❖ 不确定性

海森堡的不确定性原理告诉我们，当我们介入一个量子系统时，我们就改变了这个系统。量子物理告诉我们，我们生活的世界、社会，我们工作的企业组织，每天都在经历变化，而这变化永远都不可能被预测。

领导者在进行管理时，如果用线性的思维，用简单的线性因果方式去解决问题，可能会解决一时的问题，但接下来可能会面对更多的问题。更可怕的是，这种思维模式还可能扼杀更多的可能性。量子思维则不同，它能够更灵活地应对不确定，更好地容忍跳跃性，更理性地看待现实之间的无穷变量。

在时代变化的今天，越来越多成功的领导者对未来、对经营企业充满了想象力，他们可以看到其他人看不到的市场，他们敢于创造新的产品，这就是量子思维与牛顿思维给领导者带来的不同格局。

苹果公司创始人史蒂夫·乔布斯是一个极具创造力的企业领导者，他追求极致完美的激情，为个人电脑、动画电影、音乐、智能移动手机等多个产业带来了颠覆性的变革。作为创造力与想象力的终极偶像，乔布斯独树一帜。他清楚，在新时代创造价值的最佳方式是将创造力与技术相结合。因此，他成立了一个融合了源源不断的想象力与非凡技术成果的公司。乔布斯是典型的量子思维领导者，所以能够在充满不确定性的网络时代，创造出具有跳跃性的苹果公司。

人们的思维方式都是看不见、摸不着的，没有形状、没有重量的信息编辑与传递过程，它的物质性极弱，运动速度极快，最大的特点就是波动、跳跃、快速变化、不可预测，而这与量子物理的特征极为相似。所以，我们相信量子思维方式更有利于领导者发挥自己的领导力。在信息科技与智能技术盛行的时代，人类思维方式注定要发生一次根本性的转变，而就当前形势看来，量子思维方式是我们跟上并适应新时代的一种必然选择。

第7章

激发能力

——赋能与量子的关系

激活个体，赋能领导力

　　阿里巴巴集团执行副总裁曾鸣在《重新定义公司》一书的推荐序中写道："未来组织最重要的功能已经越来越清楚，那就是赋能，而不再是管理或激励。"这段话迅速让赋能一词成为商业管理领域的现象级热词。在企业管理中，赋能是指企业由上而下地释放权力，尤其是员工们自主工作的权力，从而通过去中心化的方式驱动企业组织扁平化，以最大限度地发挥员工个体智慧和潜能。从量子管理的角度来看，激活员工的能量，赋予他们更强大的能力是量子领导者必备的能力。接下来我们一起来看看，为什么量子领导者必须掌握赋能的领导力。

首先，在强调规则、秩序和结构的牛顿思维模式下，每个人在组织中都是固化的角色，他们分工明确，职责清晰，被动地执行工作任务。在一定的条件下，这样确实能产生一定的效率，但同时员工也被规则束缚着，无法更好地发挥自己的能力，这就相当于为每个人画了一个圈子，谁都不能出圈。然而，当我们把个体看作量子时，一切就都不一样了。

量子是微观的物质世界，本质上是自由运动着的，它们在持续不断地交流，交互集聚能量，创造价值。所以，量子管理思维强调鼓励员工的创造与创新精神，让员工对未来抱有美好的期望，从而实现自我驱动，发散思维，自由自主创新。量子领导者应该支持员工尽情发挥潜能与创意，释放员工的潜在能力。

其次，传统机械论认为，在商业世界中，每一个孤立的组织系统都在追逐自身利益，没有人关心相互关系。就单个企业组织而言，它不可能将自身划分成相互竞争的孤立部门和职能团队。传统机械论中，每个孤立的部门不协调地勉强拼凑在一起，在各个方向上相互冲撞，导致这个系统变得不稳定、不灵活。因此，冲突和对抗的旧模式必然被淘汰，动态整合的模式才是新主流。

在动态整合的新模式下，量子组织的基础机构就会产生激励关系的构建。在强调激励的组织环境下，领导者应该以全新的方式引领员工实现组织价值。

再次，量子时代的到来，让世界的不确定性增加。当不确定性占据着主导地位，产品需要快速迭代，更新速度甚至快到一天几个版本。用户的需求是不断变化的，是不确定的，为了满足用户的需求，企业必须以最快的速度，用低成本迭代的方式来优化产品，必须很快地适应周围的变化。

随着量子物理科学的发展，我们可以清晰地看到组织系统需要超越传统的运作模式，才能应对复杂多变的外部环境，快速做出反应，而这就需要领导者掌握持续激发员工内在动力的能力。在科技发展带来的巨大变革面前，传统的命令式权威管理已经不能很好地适应企业发展的需求，领导者应该以赋能的方式，赋予员工创新创造的能力以适应不断改变的市场环境。

最后，德鲁克认为，管理是界定组织的使命，并激励和组织人力资源来实现这个使命。对于企业而言，界定使命是领导者的根本任务，激励和组织人力资源是领导者的基本能力，将两者统一起来就是管理。简而言之，"你不需要为了管理而成为管理者，你是为了使命而成为管理者。你所做的一切工作，无非是与大家进行沟通，让大家接受这个使命，然后团结带领大家，朝着这个方向前进"。

作为量子组织的领导者更应该认识到，人们是追求意义的，他们会因为领导者赋予他们的意义与价值，超越个人限制。为此，量子领导者应该为员工提供值得期待的可能性，新的梦想和意义，让员工带着使命感积极主动地投入工作。

随着时代的改变，管理正从命令式走向授权赋能式，领导者的职责也不再是控制员工，而是服务员工，通过赋予员工更多权力，激活员工潜能与智慧，帮助他们借助工作平台实现个人价值和持续成长。量子领导者的职责不再是撸起袖子亲自抓业务，也不再是动不动就

大呼小叫、颐指气使地分配任务。未来组织需要的是关
注员工成长，赋予员工更多权力，传授员工更多做事方
式方法的量子领导者。

如何成为赋能型领导者

在充满不确定性的量子时代，企业组织想要具备调
整适应环境的能力，必须建立、引导并维系一种敏捷高
效的领导机制。作为量子组织的领导者应该明白，整个
管理机制的核心是激活人的价值，释放各种能量，鼓励
员工自由创新，强调组织的机制驱动。那么，在量子管
理思维模式下，领导者应该如何通过赋能激活组织内各
个"能量球"的能量，成为不负众望的赋能型量子领导
者呢？

◈ 激活整合团队智慧

量子组织的商业模式，是由高层的指导性概要设计
和基层的创新性实践共同作用演变而来的。在业务设计

上，领导者需要边干边设计的敏捷迭代方式。最初，领导者并不知道什么样的模式更优秀，而是在实践中边干边调整和优化，逐渐演变出来的。赋能领导者需要以群策群力的方式，激发和整合整个团队的智慧来设计未来业务、推动组织变革，并解决业务开展过程中的各种问题。

事实上，只有不断激活组织成员的创新智慧的领导方式，才能使组织的业务随复杂、快速的环境变化而变化，也才能在开展业务的同时赋予团队成员一套不变的应对变化、推进变革、解决问题的能力。

❖ 教导他人成为领导者

在量子组织中，赋能型领导者要把每个员工假设成小 CEO，给他们营造创业的机制和在业务中成长的机会，如此员工才能从工作中得到足够的创新空间、成就感和成长锻炼。传统的领导者可以绩效至上，但在互联经济模式下，如果不关注员工的发展和成长，优秀的员工就会选择更好的平台。赋能型领导者应该让所有员工尽可能地参与业务决策，将自己的智慧通过创新性业务展现出来，从而在产品与服务的创造与创新中找到自己的成就感和自豪感。

量子组织要在未来的竞争中取得成功，领导者就需要转型成为赋能型领导者，把团队建设、人员培养这种原来并不怎么重视的工作，提高到空前重要的高度，充分激发员工内在深层次的动力，并在工作中培养下属的业务推进和带领团队的能力。

◈　集中精力处理关键问题

在量子组织中，决定什么事情重要并确保自己集中精力做好这些事情的能力，是赋能型领导者必须提升的基本领导力。如果领导者将自己 80% 的时间花在一些不重要的事情上，那么，就需要重新评估一下自己对时间的管理了。

赋能型领导者需要懂得如何抛开那些只能给你带来 20% 成果的 80% 的事情。也许你无法抛开全部的这些事情，但高效的时间管理一定可以帮你抛开其中很多事情。作为赋能型领导者，只有当你把大部分时间用来处理重要的事情时，你才能更好地赋能员工，激发员工自主执行的能量。

❖ 积极实现自我成长

作为量子型领导者只有自己的成长速度远大于团队平均速度，才有资格晋升或保持现有的岗位。因此，赋能型领导者持续提高自身能力是带动整个团队成员在工作中成长的关键。在互联网时代，提高自身能力的关键在于，提升个人的影响力、不断拓展人脉和在实践中持续反思觉察的能力。

赋能型领导者要能够持续进步，具备自我觉察和反思能力。反思是心智模式迭代的重要手段，领导者的心智模式也要不断迭代更新。具有讽刺意味的是，职位越高、能力越强的领导者越容易自我意识膨胀，越难认知迭代，常常出现最高领导者自身已经成为组织持续变革的最大障碍还不自知的情况。如果领导者能够把反思复盘当成工作中的习惯，组织、下属以及领导者自身都将不断地重新定义、持续成长。

❖ 锁定管理责任

在量子组织中，作为赋能型领导者首先要懂得锁定责任，不让责任像猴子一样在公司中跳来跳去导致责、权、利的混乱是赋能型领导者的必修课。值得注意的是，赋能型领导者的任务是激发员工的智慧与潜能，赋予员工充沛的执行力，所以，赋能型领导者既不是"保姆"，也不是"救火队员"。赋能型领导者应该优化权责分配，优化执行流程，让员工主动且独立地将工作任务执行落地。

◈　保持良好的有效沟通

彼得·德鲁克将有效沟通作为管理的一项基本职能。无论是决策前的调查与论证，还是计划的制定、工作的组织、人事的管理或者与外界的交流，统统离不开沟通。事实证明，优秀的领导者必然懂得如何有效地沟通。

在量子管理模式下，赋能型领导者在做出某项决策时必须与下属进行沟通，因为只有通过上下级之间的沟通交流才能获取有益于决策的信息；同样，当领导者的决策得以实施时，也必须与员工进行沟通，因为无论多么完美的创意想法、多么完善的执行计划，离开了与员工的沟通都是无法实现的。由此可见，领导者只有通过有效沟通，保持信息的畅通，才能在企业管理中做到如鱼得水。

❖ 构建竞争淘汰机制

在量子组织结构中，有竞争才有压力、有压力才有动力、有动力才有活力。赋能型领导者只有让员工处于良性竞争状态时，才能有效地激励他们追求上进，激发他们持续进步学习，让团队组织焕发生机勃勃的生命力。竞争淘汰是领导者赋能工作的艺术，也是组织取得成功的关键要素。

赋能型领导者必须谨记，员工的惰性是人才发展最大的阻力，只有营造公平竞争的文化与环境，才可能有效克服员工的惰性，才能激励员工为实现组织目标而全情投入地执行工作任务。

赋能型组织的实践管理

随着量子时代的到来，一个无法回避的事实是，基于牛顿思维的组织管理模式在新的市场环境下正在失去效力。在量子组织当中，将员工当作没有情感的标准化部件，并因此采取简单粗暴的机械化管理的领导者将被淘汰，取而代之的是可以应对复杂多变环境的"自组织"模式的量子领导者。随着"自组织"系统的兴起，领导者在组织中的职责将从命令者转变为赋能者。在量子组织内，想要每个员工能够根据外部市场和客户需求变化进行快速响应，就需要领导者打造赋能型组织。

为了应对组织僵化的难题，有效管理组织系统面临的种种不确定性，海尔集团在张瑞敏的带领下打造出激活个体的赋能型组织。2005 年，海尔启动"人单合一"模式，如今员工与客户双赢的"人单合一模式"已经成为赋能型组织的典范。

◈　以人为核心，实现价值驱动

"人单合一"就是以人为核心，以人所创造的价值为目标。从量子新科学的角度来看，企业是由量子个体组成的场，是由人、财、物等有形要素及信息、价值等无形要素交互作用的系统。一旦无形要素被激活，其能量将远超有形要素。

"人单合一"的本质是"人"性光辉的释放与人的价值创造。人的价值是自我价值与社会价值的统一，而其中自由与尊严是员工与用户自我精神的重要体现。"人单合一"让员工由原来被控制者转变为具有高度自主性的创客，"人人成为 CEO"以及用户参与，充分尊重了员工和用户的自由与尊严。

❖ 巧用量子纠缠，管理不确定性

量子时代的不确定性来自于员工的高度知识化、用户的个性化需求以及商业生态系统的量子跃迁。员工的隐性知识需要通过领导者的信任与赋能才能激活，使其显性化并转化为更强的能量。在移动网络时代，用户需求变得更加个性化，与此同时，他们的选择也更丰富。因此，只有通过变革企业边界，做到以"用户为中心"而不是"以企业为中心"，才能有效管理用户的不确定性。

"人单合一"的模式实现了员工与用户的零距离接触，甚至让用户可以直接参与产品的设计。在海尔的小微主与专业用户的持续纠缠中，客户被"内化"为企业员工参与到产品的设计中来，如此海尔就可以充分利用客户的知识创造价值。在员工与客户的纠缠中实现了知识的共享和融合，不管相距多远，彼此之间都能通过量子纠缠而关联在一起。值得一提的是，"人单合一"不仅有效管理了员工与用户的不确定性，同时也大大提升了海尔生态系统的自组织适应能力，实现了海尔在新时代的非线性快速成长。

❖　智能平台激活个体与组织

2005 年海尔推出"人单合一"，将组织结构由科层制改为平台式，对内实现了去中间化，对外实现了边界的灵活。海尔的"人单合一"打破了企业的边界，实现了外部客户内部化，内部去中心化，去掉了 16000 多名中层管理者，组织结构平台化，超越了传统的科层制。打破边界与去科层之后的海尔，成为由量子个体与量子团队构成的量子化平台。组织内部员工与员工、部门与部门以及外部企业与企业的能量与信息交流速度加快，组织对环境的协同能力大大增强。

海尔构建的全球社会化赋能，为用户创造终身价值的量子化智能 COSMOPlat 平台，帮助其更好地激活全球资源，确保"人单合一"模式的构建。COSMOPlat 设有技术创新、应用示范、技术服务、标准体系认证以及产业孵化五大业务平台，全球用户可以全流程参与产品设计、研发、制造、物流以及迭代升级。目前，基于量子边缘性思维，构建跨区域、跨国界、跨行业的智能制造平台，快速实现了全球知识与资源的整合，增强了商业生态系统的价值创造力。

❖ "三自、三权、三化"带来的蜕变

"人单合一"模式开启的"自创业、自组织、自驱动"的"三自"革命，让传统科层制组织中的被雇用者变成了平台生态系统中的创业者和合伙人。"自创业"，由员工自己发现用户需求、创造市场机会；"自组织"，由员工根据用户需求组织全球资源；"自驱动"，由用户评价及其需求，驱动员工创造新的市场。通过"三自"系统形成动态的共生互利的螺旋式上升的开放系统，持续不断地动态分形与组织协同，扩展了企业的生态圈，促成了企业的非线性成长。

为了确保"自创业、自组织、自驱动"系统的有效实施，海尔实现了决策权、用人权、分配权"三权"下放。"决策权"，直接授权给平台主、小微主乃至创客，激活了员工参与决策的意识，增强了员工的责任心，释放了量子自我的能量；"用人权"，直接授权平台主或小微主根据业务需求，整合内部人力资源，按单聚散；"分配权"，根据员工为用户创造的价值，直接由用户付薪。赋能型的释放权力，打破了科层制的权力控制，让组织团队与个体员工的能量被充分激活。

随着"三自""三权"管理方式的推行，2013 年海尔又推出了"企业平台化、员工创客化、用户个性化"的"三化"概念。"企业平台化"，内去科层，外破边界，成为整合全球资源的平台而不是科层制的控制系统；"员工创客化"，员工成为同创、共享、共赢的创客，而不是被动的雇用执行者，通过领导者赋能让量子各自充分发挥自己的能量，员工既为用户创造了价值又实现了自我成长；"用户个性化"，外部用户内部化，与用户零距离，全程用户交互，通过与用户的信息与能量的连续"纠缠"，从而让企业得以快速利用用户知识实现迭代式创新，更好地满足用户的个性化需求。

"三自""三权""三化"的管理模式，让海尔由庞大的科层控制型组织，蜕变为赋能型组织。内，人人可能成为 CEO；外，整合全球资源，实现商业生态系统的价值创造。随着员工潜能的被激活，知识与资源的有效利用，用户需求得到充分满足，海尔的量子组织产生了指数级的能量释放，为整个组织系统的价值创造带来了源源不断的动力。

当前，整个市场环境越来越错综复杂，企业组织越早建立量子管理模式，领导者越早应用量子领导力，以开放的心态为员工赋能，鼓励员工自由创新，尽情发挥创意，企业才能实现长久稳定的健康发展。

第8章

快速行动

——效率与量子的关系

敏捷运营团队

在量子管理时代，如何应对不确定性，如何打造更符合时代的组织团队已经成为领导者必须面对的重要课题。在商业世界被新科学、新技术颠覆的当下，量子领导者需要打开新的思路，大胆创新，打造一支灵活且反应敏捷的量子团队。

在传统企业组织中，自上而下的科层化管理让组织系统的行动迟缓，无法对市场变化做出及时反应。面对不确定性带来的挑战，传统团队运营模式只会一败涂地。为了及时高效应对市场变化，领导者必须建立一支敏捷高效的组织团队。那么，我们应该如何打造一支在面对改变时能够及时做出响应的灵活而敏捷的团队呢？总体而言，为了建立敏捷运营系统，实现快速行动，领导者必须做好以下几项工作。

❖ 及时反馈

在管理团队过程中，当员工提出新的意见或创意时，领导者一定要及时快速给予反馈。特别是当你的团队正在朝着一个特定的目标努力时，一定要及时对员工的创新与创意进行反馈。进步是激励员工完善自我的强大动力，会激励员工好的表现。及时反馈有利于员工形成"取得进步—认可—获得更大的进步"这样的良性循环。

领导者除了要快速及时地对员工给予反馈，还可以邀请员工对领导和公司进行反馈。同时，还可以邀请同事对员工进行反馈。这样可以让反馈更加客观，也可以让员工清楚地认知自我，并做出相应的改进。

值得一提的是，无论是 GE 的绩效管理 APP "PD@GE"，还是德勤新的绩效制度，抑或 Google 的 "OKR" 工作法，在反馈上它们有一点是共通的，那就是鼓励不断向前、快速、实时的沟通反馈，并且以一种特别简单易行的方式进行沟通反馈。

❖ 定期进行系统评价

企业建立制度是为了规范员工行为，最终实现组织的目标。事实也证明，当制度的约束力存在问题时，伴随而来的就是执行不力的情况。由此可见，领导者想要员工心无旁骛地投入工作，就要懂得用规章制度约束员工的行为。

如果把企业比作一个国家，那么制度就是法律，它的作用是不言而喻的。在企业管理中，制度是维护公平、公正的有效手段，是人们做事的底线要求，违反了制度，就要受到惩罚。构建科学合理的制度，不仅能阻止员工做不好的事情，同时还能营造一个积极、健康的工作环境、工作氛围，从而激发员工投入工作的热情，认真执行领导安排的工作任务。

❖ 培训辅导

要建立敏捷的组织团队，还需要外部顾问和管理者以教练和辅导员的身份进入。前面我们提到，量子领导者需要通过授权激发员工的智慧与潜能，提高员工快速执行的行动力。但是，授权的前提是员工要有相应的能力来合理支配权力，高效完成任务目标。为此，量子领导者在授权赋能的同时还应该注重对员工进行系统的培训与辅导，通过建立与各层级胜任素质模式相匹配的培训发展体系，有效提升员工的能力，打造敏捷高效的组织系统。

❖ 建立淘汰机制

微软创始人比尔·盖茨说的"微软离破产永远只有18个月"，在很多人看来这是危言耸听。可事实上，就是这种时刻怀着巨大危机感的激励，让微软成功超越苹果成为世界上市值最高的公司。试想一下，如果微软没有危机感，微软团队没有竞争意识，那么，它还有重回巅峰的机会吗？

当一支团队长期处于一种相对平稳的状态，组织成员既无危机感，也无竞争意识，那么，员工们的活力与动力将降低，团队效率与执行力相应也会下降。此时，领导者需要利用"鲶鱼效应"激发员工之间的良性竞争，从而提升员工积极主动执行工作的热情与活力。

◈ 复盘演练

复盘，又称行动后的反思或回顾。复盘的概念源自围棋术语，即对弈者下完一盘棋之后，重新在棋盘上将对弈的过程回顾一遍，看看哪些地方做得好，哪些地方做得不好，哪些地方还有进一步改进的空间。这个将对弈过程还原，同时进行研究、分析的总结思考行为，就是今天管理学上备受推崇的复盘。

复盘，通过从过去成功或失败中得到的经验教训，为未来的工作指明方向与目标，让员工清楚明白如何在下一步工作中改进、完善执行中的方式、方法。这种推动团队组织思考、总结的管理方式，不仅很好地解决了执行存在的问题，同时也让组织成员学会如何在思考中更好地完成工作。所以，量子领导者应该在管理中引入复盘的管理方式。

❖ 赋能授权

赋能授权，即授权给员工，赋予他们更多额外的权力。从理论上来讲，赋能授权是为了消除妨碍员工们更有效工作的种种障碍，其出发点是企业由上而下地释放权力，尤其是员工自主工作的权力，让他们在从事自己工作时能够行使更多的控制权。

通过赋能授权，领导者可以培养员工思考问题并解决问题的能力。当团队遇到问题时，拥有话语权与决定权的员工，可以自动、自主地解决问题，如此一来不仅能提高团队工作效率，同时也能提高员工的创新能力，激发他们积极主动投身工作的热情。

总体而言，敏捷高效的运营团队来自于每一次领导者以及外部顾问之间的互动和学习。领导力的改变是潜移默化的，它需要领导者做出榜样。高效的领导力和员工的执行力最终会导致组织文化的改变这一过程是循序渐进的，是逐渐学习得来的，因此打造敏捷高效的运营团队是一场持久战，最后需要依靠整个组织系统内的每个成员行为与工作方式的改变。

OKR 目标管理的力量

在牛顿管理思维模式下，领导者在运营组织系统时强调的是效率、数量，公司盈利依靠的是资产、土地、设备、机器等生产要素，现在一些传统企业依然如此。然而，随着量子管理的发展，知识、人才开始成为企业最重要的资产。

在量子时代，大部分人的工作将脱离体力劳动，我们需要更多的脑力劳动、心力劳动，企业组织将需要更多知识工作者。与此同时，人创造价值的维度开始发生改变，我们工作的成就不在于做了多少事情，而在于所做事情的创造性与创新性。在这种环境下，个体需求与职业观都将发生改变，而这一切都需要更符合时代、更符合人性的管理理念、管理方式与管理工具。

管理学发展至今，经历了很多理论，其中 KPI 是基于经典力学的绩效考核工具，也是非常主流的一种管理工具。但是，对于强调知识性与创造性的公司而言，简单的 KPI 考核显然无法更好地激发员工的活力与创造力。如今，越来越多像谷歌一样的公司，开始以基于量子力学理论的 OKR 工作法对具有创造性的高端人才进行管理。那么，究竟何谓 OKR 工作法？

OKR 的起源与发展

OKR 的思路源自德鲁克的目标管理。1954 年，德鲁克提出了一个具有划时代意义的概念——目标管理（Management By Objectives，MBO），它是德鲁克发明的最重要、最有影响的概念，并已成为当代管理体系的重要组成部分。它的核心思想是放弃命令驱动的管理，拥抱目标驱动的管理。老福特坚持命令驱动管理的模式，结果福特汽车公司濒临倒闭。经理人必须实施目标驱动的管理，这是德鲁克给经理人的忠告。从根本上讲，目标管理把经理人的工作由控制下属变成与下属一起设定客观标准和目标，让他们靠自己的积极性去完成。这些共同认可的衡量标准，促使经理人用目标和自我控制来管理，也就是说自我评估，而不是由外人来评估和控制。德鲁克的这个思路也是现代管理提倡的自组织、自管理的基础。

1976 年左右，Intel 为实现从存储器到处理器的转型，希望找到一种方法，同步工作重心、统御工作目标，实现"上下同欲"。当时，作为德鲁克忠诚信徒的安迪·格拉夫针对 MBO 系统提出了两个基本问题：

第一个问题，我想去哪儿（Objective）？

第二个问题，我如何调整节奏以确保我正往那儿去？

这两个看似简单的问题，掀起了一场管理革命，让 OKR 成功登上历史舞台，而这就是后来广为人知的"关键结果"（Key Results），它被附加到"目标"（Objective）中成为 OKR 框架不可或缺的一部分。

1999 年已经是知名风投 KPCB（KPCB 是一家投了无数知名科技企业的极负盛名的机构）合伙人的 John Doerr，作为谷歌的董事，把这套流程带给了谷歌的 Larry 和 Sergey。经过几个季度的尝试和纠结，OKR 在谷歌终于得以实施。

由于在谷歌成功实施，OKR 方法很快被其他知名 IT 企业借鉴，这些公司包括 Linkedin、Zynga 等，OKR 逐渐被越来越多的 IT 公司认同。后来，谷歌在所有投资的企业，都会专门进行 OKR 系统的培训和实施。

实施 OKR 的关键要素

❖ 严谨的思考框架

OKR 的目的是提升绩效，但如果只是简单地跟踪每个季度的工作，很难得到想要的结果。德鲁克曾经说过："最严肃的错误，并非由错误的答案造成。真正危险的事，是问了错的问题。"事实上，当领导者检查 OKR 结果时，真正挑战你的是如何超越这些数字本身。作为量子领导者，我们应该像人类学家那样，深入思考数据结果背后的意义，从而发掘出振奋人心的问题，找到提高员工工作效率的关键。当 OKR 被严谨和规范地执行时，领导者的思考框架就显得尤为重要。

❖ 严格的纪律要求

为了让 OKR 在企业中得到有效的实施，避免员工在设定目标后就将其束之高阁，领导者需要遵从这些要求：首先，以季度或者其他预先规定的周期为单位，持续刷新 OKR。其次，坚持检查并确认结果达成情况。再次，如果有必要，领导者需要持续修正现行战略和商业模式。最后，以结果为导向。

❖ 确保团队成员紧密协作

在管理中，团队能否保持协调一致往往决定了组织系统是成功还是失败。OKR 必须被设计用于最大化协助和促进整个组织对齐一致，这样可以通过 OKR 本身所固有的透明性来做到。由于 OKR 对每个员工都是充分共享的，组织内从上到下都可以看到 OKR 的达成情况。

❖ 聚焦核心目标

OKR 的主要目的是识别最关键的业务目标，并通过量化的关键结果衡量目标达成的情况。战略专家指出战略就是不做什么和做什么，两者同等重要，不可偏废。OKR 同样如此，领导者必须做出选择，确定哪些目标才是团队的核心目标。

❖ 公开透明

首先，公开透明的 OKR，可以帮助员工找到彼此的共同兴趣，以更方便找到合作的切入点。其次，公开自己的 OKR 有助于得到更多人的支持。最后，公开的 OKR 就是一个公开的承诺，它能让你提升完成目标的动力。

❖ 定期回顾

OKR 不是一成不变的，是需要我们经常性回顾的。领导者和员工一起回顾 OKR 本身也是一件非常有意义的事情。环境变化是非常快的，只有在 KR 仍然很重要的情况下，才有必要持续为它而努力。一般情况下目标不能随意变化，KR 可以增加，如果某个 KR 不再重要了，不要删除，需要备注解释。

❖ 促进组织系统成长

判断一个 OKR 是否有效的最终标准，还是要用结果说话，看目标所取得的实际成果如何。如果 OKR 帮助企业实现了持续的发展，带来新的突破，那么，这个 OKR

就是促进组织系统成长的成功方式。否则，就要做出适当的调整。

OKR 实施流程

实施 OKR 要以战略为导向，设定年度目标，再分解到季度目标。季度目标需要与员工上下达成共识，并设定相关的关键结果，将关键结果执行，当出现关键结果可能没有在本季度完成，则通过修正后转入到下个季度的目标。当季度目标执行完成后，需要对关键结果的执行情况进行评分，并通过全员会议，反馈给全员最终的评价结果。此外，为了支撑年度目标，我们会按季度来设定一些季度目标和要达成的关键结果，这就是 OKR，它是整个目标体系中的一部分。

在我们执行 OKR 的过程中，常常将 KR 细化成一项项具体的任务，通过完成任务，而最终实现目标。当然，这只是 OKR 的执行落地过程，并不是目标本身。

在一个季度结束之后，我们要对目标的执行和达成情况进行评估，主要是为了总结经验教训，继续扩大战果，或及时修正错误，而不是考核人。

总体而言，对于 OKR 来说，从战略到年度目标到季度目标再分解到各个 KR，都要与员工进行充分的沟通，并确保达成一致的共识。因为只有目标统一、想法一致的时候，才能激发出每个人的创造力。

在工业时代，企业将人看作工具，组织和人的关系只是简单的雇用与附属关系，由此诞生的 KPI 管理方式，将职业看作人的既定轨迹，在这一环境下，人们的需求与能力被限制，得不到充分的释放。在量子时代，随着知识经济的发展，人们开始追求自我实现，工作和职业是手段而不是目标，组织为人而设立，成为赋能于人的平台，而 OKR 则是以人为本能、赋能管理的最佳方式。

PartC

应对不确定性，构建量子
领导力实施方案

第9章
量子领导力的底层操作系统

利他利己，成就他人的领导力

在牛顿思维管理模式下，商业世界讲求的是竞争，而在量子思维管理模式中，商业管理强调的则是合作。随着网络科技的发展，互联网商业模式迅速崛起，在充满创新与挑战的商业环境下，领导者必须明白单纯追求效率和利润的领导方式已经无法适应新时代的要求，量子时代领导者需要"利他思维"。

接下来的案例，可以帮助大家从量子科学的角度理解"利他思维"。

在某个组织中，A 与 B 必须从两个选择中做出选择：合作或背叛，如果 A 选择与 B 合作，他需要支付一小笔费用（1 美元）给中央银行，然后中央银行即刻付给 B 5 美元。相反，如果选择背叛就相当于什么都不做。所以，如果双方都选择背叛，那么，他们的个人收支不变，如果双方都选择合作，那么他们每人得到 4 美元，如果一方合作，另一方背叛，则合作方损失 1 美元，背叛方收益 5 美元。这个游戏的规则非常简单，我们可从中轻易想象扩大规模后的结果。当每个人都选择合作时，经济收益就会达到最高值。对大家有利的选择最终也对个体有利。

日本企业家稻盛和夫的领导模式，就是量子领导力主张的"利他思维"的典型代表。稻盛和夫就曾说过，做事业的人（无论你是大企业家还是小商家）都要站在对方的角度考虑事情、看待事情，而不是站在自己的角度、按照自己的思路去想问题、去看待问题。2010 年，在经营管理中主张与他人保持一定合作，同时也给他人留一定空间的稻盛和夫零工资出任破产重建的日本航空公司董事长。在拯救日本航空公司的过程中，很多企业和个人都向他提供了帮助，这使得稻盛和夫在短短14个月的时间里，成功帮助日本航空公司从年亏损144亿元人民币，强势扭转为年盈利150亿元人民币。

在量子时代，"利他思维"主要包括以下具体内容：考虑别人，别人才会考虑自己；只有想到将来，才有可能忧患地面对现在；本着利他才能真正利己；帮助自己克服自私的人性弱点。在当前的互联网企业中，阿里巴巴无疑是将"利他思维"应用得最好的一家企业。

阿里巴巴的目标是"让天下没有难做的生意"。为了实现这一目标，在阿里巴巴的商业模式中，阿里负责搭建大家购买产品的平台、物流等基础设施，由阿里打造的淘宝、天猫让很多商家通过这个平台赚到了钱，得到了发展。随着阿里巴巴业务的发展，阿里发现支付体系需要建立。之后，它又建立了支付宝，现在支付宝极大地方便了大家的日常消费。

当阿里巴巴发现商家有资金需求之后，它又做了网商贷；为了提高物流效率，推出菜鸟网络；发现城市服务中有很多人排队，又在支付宝里增加了许多相应的缴费功能；发现一些小企业买不起 OA 办公软件，就开发了钉钉……总而言之，阿里巴巴所有的商业模式都是建立在利他的原则上，只要客户有什么需求，他们就去满足去完善。事实证明，阿里巴巴利用互联网技术，搭建基础设施，完善金融手段，给阿里巴巴合作商家带来了巨大的利益。因此，阿里自身也取得了成功。

从量子思维的角度来看，"利他思维"就是一种利他利己，成就他人，再成就自己的思维模式。在领导力管理上，"利他思维"一方面强调客户价值的创造，另一方面则注重创新团队管理上的"利他"理念。

❖ "利他思维"创造客户价值

在互联网商业模式下，企业为了吸引消费者的注意力，提高购买力，进行了大量的推广活动，这些都是"利他"行为的体验。

如今，从消费环境来看，打造高质量产品是企业众多转型思路中的一种。事实上，无论消费者通过何种方式了解产品和服务的信息，他们希望最终购买或获得的都是优秀产品和服务带来的价值。在当前的环境中，通过互联网技术拓展和降低行业的"利他"成本，已经成为了一种非常好的解决方案。

过去，一个好的产品，必须通过投入大量的营销费用、广告费用和渠道费用才能获得消费者的注意力，进而将其转化为购买力。因此，在产品成本结构中，用于打造优秀产品的资本金，占产品价格的比例一般在 10% 左右，其他费用，大多用于广告传播与渠道推广。现在，面对同样质量的产品，企业通过互联网营销方式进行推广，将大量营销费用和渠道费用节省下来，一方面用于提高产品自身质量，另一方面则节省了消费者的消费支出。

高品质的产品与互联网营销模式的结合，是企业最简单、最低成本的管理运营之路。通过这一模式，领导者可将"利他"行为，转变为付费消费者极高的满意度和推荐度。这可以降低企业的营销费用，使企业更积极地投入产品的研发。这种为客户创造更多价值的"利他"才是消费者真正需要的。

◈ "利他思维"创新管理理念

"利他"管理理念，就是领导者通过方向性的指引，帮助员工实现事业上的成功，成就个人价值。在商业管理上，如果团队要成功，首先需要"利他思维"实现组织成员的个人成功。

领导者与员工之间的关系，是职场上最核心的关系，其他关系都是建立在这个关系的基础上。对于这种关系，不同的人有不同的理解。传统领导者会认为，这是一种指挥与执行的关系，领导者指挥，员工执行。量子领导者则认为，这是一种协助与相互成就的关系，领导者秉持成就员工的心态，协助其更好地执行工作，最终成就彼此。

量子管理理论表明，员工要求企业能够满足他们多方面的需求。员工选择工作单位或对工作单位评价时，收入虽然是一个重要的考量因素，但绝对不是唯一的因素，甚至不是最关键的因素。如今，越来越多的求职者在找工作时看重良好的工作环境和人际关系，他们需要安全感、归属感与荣誉感。为此，量子领导者应该把"让员工的个人利益得到最大的满足"与"实现员工自我价值"作为管理的出发点，承认员工谋求个人利益是合情合理的，把满足员工的需求和价值作为资深的义务与责任，对员工的想法和要求表示充分理解或给予详细的指导。

在竞争激烈的商业社会，量子领导力所提倡的"利他思维"可谓独树一帜，给领导者带来了不一样的启示。不可否认，利己是资本主义发展的根本动力，美国经济学家也表示，社会就是由强烈的欲望推动的。但从量子思维的视角来看，领导者应该追求利他，无论是面对客户还是员工，都要有一颗成就他人的心，只有这样，企业才能在量子时代获得更长远的发展。

告别高高在上，做"服务型领导者"

在充满不确定的商业世界，领导者运营企业必须改变管理思维，因为，传统的将员工视作管控对象的领导方式已经无法激活员工的创造力与活力。事实上，从 20 世纪 90 年代开始，已经有管理学家提出这一观点，在不断改变的环境中，管理者只需告诉员工达成什么目标，同时提供实现目标的资源，然后充分授权即可。

近年来，牛津大学教授、量子管理学家丹娜·左哈尔在《量子领导者》一书中提到，要应对如今以互联网为代表的新技术所带来的不确定性，领导者必须不再局限于谋利，量子领导者应该以价值与服务为导向，赋予员工自下而上的动力和空间，让他们了解工作对自己的意义，充分释放自己的才华。

作为量子领导者需要知道，服务型领导首先是仆人，必须怀有服务为先的意愿。如果说传统领导者是以领导为先，那么，服务型领导者就是以服务为先，这两者的区别凸显出服务型领导关心的是服务，是他人的需求是否得到满足。总体而言，服务型领导者的目的在于"使他们的追随者变得更加健康、更加明智、更加自由、更加善于自我管理，更愿意把他们自身也变成一个服务者。"

成为服务型领导者是量子管理学一个颠覆性的概念。有别于强调管控式的牛顿领导模式，服务型领导不是去控制公司，而是依靠愿景，依靠与员工建立信任关系来驱动员工主动做出行动，从而建立领导者的领导力，这是量子领导力的核心内容之一。那么，领导者如何才能成为卓越的服务型领导者呢？

◈ 避免陷入服务员的误区

服务型领导在英文中的表达是 servant leadership，servant 的意思是仆人，因此，服务型领导者会被误解为员工的服务员。事实上，一旦领导者陷入服务员的角色，领导者很可能会因为失去威信，令企业陷入失败的局面。

在任何国家或地区，服务都不是一个很令人向往的工作，人们常常把服务和伺候相对等，很容易轻视服务员，无论是一般餐厅的服务员还是五星级酒店的服务员。在人们看来，服务员都是一些低文化、低素质以及低技能的人员，至于服务型领导对他们而言就更是天方夜谭了。

大部分时候，人们根本无法将领导者和服务二字联系在一起，他们喜欢或者欣赏发号施令、高高在上的领导，因为这样代表着权力和威信。在一些人看来，强势的领导者往往更能够给他们带来安全感。如果服务型领导真的陷入了服务员的误区，就失去了威信和领导力，员工就会很难服从领导者的管理，企业就会出现群龙无首的混乱局面。

相反，服务型领导如果陷入管理者的角色，那么就会关注如何为员工服务，而为员工服务包括很多琐碎的任务，这些任务是属于管理者的。管理者为了更好地去执行和进行战术决策，大多从事的是琐碎的工作。而真正的领导者应该关注企业整体战略、企业宏观环境变化和市场的变化。

❖ 掌握服务型领导基本特征

特征一：保持有效的沟通

服务型领导需要与员工保持有效沟通，因为服务型领导是通过服务员工来实现领导目标的。为此，服务型领导与员工之间的交流沟通频率和相处时间会相对较多，在交流与沟通的过程中，领导可以在第一时间了解员工需要什么、员工希望改变或者完善什么，员工会提出什么样的建设性意见。

此外，服务型领导者还应该为员工提供良好的工作环境；为员工和管理者提供指导，让他们明确组织的价值观和前进方向；经常对组织内的各个部门进行协调，使他们保持目标一致。

值得一提的是，因为员工与市场和顾客有着直接的

接触，员工的反馈最能体现出公司的产品和服务在市场
上处于什么阶段。比如，客户最喜欢什么产品，如何对
该产品做出改善，客户不愿意购买产品是因为实用性
差，还是售后服务的问题，又或者是产品本身存在缺
陷。在沟通过程中，服务型领导通过掌握这些信息，可
以在最短的时间内做出战略上的相应改变。

特征二：洞悉情绪需求

服务型领导者对员工不断施加影响力的过程，体现
了领导者管理自己和他人情绪的能力。善于识别、控制
自己和他人的情绪，是服务型领导者的重要能力。事实
上，领导者对员工影响力的来源主要不是靠权力，而是
靠情商。

领导者不是用自己的认知能力身体力行地做事情，
往往是依靠下属们的共同努力。在这种情况下，个人的
认知能力相对于情绪管理能力来讲，显得不是那么重
要。当员工有需求无法得到满足时，他们往往会在情绪
上体现出来，服务型领导正是这种能够发现员工需求，
感知员工情绪的领导。一个无法真正理解员工的企业领
导者，一般不会在意员工情绪上的变化，但是对于企业
组织来说，这可能蕴含了巨大的管理风险。由此可知，

洞察员工的情绪需求，做高情商的领导者是服务型领导者的必修课。

特征三：培养与发展员工

服务型领导不应该只着眼于完成眼前的任务，他们更应该关注员工个人的发展，因为这关系到企业长远的利益。为员工提供学习的机会，注重培养员工的能力，是服务型领导的重要工作之一。

服务型领导者要清楚地认识到，员工除了在工作岗位做出具体可见的贡献之外，他们还拥有内在的价值。因此，服务型领导者应关注并致力于组织中每一成员的成长，包括个人成长、职业发展和精神层面的成长。

特征四：宽容与谅解员工

服务型领导需要具有宽广的胸怀，能够在原则内体谅与容忍员工的错误。在一家企业内，员工拥有不同的性格、特长、喜好，想要将他们凝聚在一起，就需要依靠领导者的宽容。宽容实际是以退为进，适当的妥协才能够确保目标的实现。

特征五：针对需求提供服务

在知识经济时代，知识型员工需要的是自我价值的实现，与命令型领导者相比，他们更喜欢服务型领导者。服务型领导者由对他人的无条件的关爱驱动，这样的领导者有明显的服务者特质，能真正服务好员工，更能获得追随者心甘情愿的认同，这种认同是唯一能够获得忠诚的权威。想要成为服务型领导者，要有愿意为他人服务的天性，服务在先，领导在后。

服务型领导者将组织打造成了价值观彼此一致的人聚集并且实现各自价值的平台。组织成员利用这一平台实现自我价值，同时也提升该组织平台的价值。服务型领导者关心的是员工有哪些需求，并针对需求提供相应服务。

当我们用量子思维重新认识领导力时，领导和员工的角色自然而然就会发生转变。在牛顿管理模式下，领导者就像大海中的灯塔一般，站在高高的远方为员工指引前进的方向。然而，在充满不确定性的市场环境下，运营管理团队就像在充满浓雾的海上航行，即使有灯塔也看不清方向，无法承担独立决策带来的风险。为此，领导者需要发挥量子领导力。

放弃权威，放弃高高在上的指令，是成为量子领导者的关键。作为量子领导者，应该是企业的参与者、组织者，他的过人之处绝不仅仅在于发号施令，而在于从前端转到后端，做好支持与服务，以共同的愿景和价值观来激发员工和组织的活力。

做好信息管理，把握领导力新课题

为什么有些企业敏捷高效，而另外一些企业却行动迟缓？答案就是沟通不畅，信息传递出现了问题。在经营管理中，领导者遇到的问题往往都是他们对信息本质缺乏真正的了解。那么，作为量子领导者，应该如何与信息打交道呢？

在量子时代，不要把信息作为"物件"看待。一直以来，在信息理论中，信息都被看作有形的实体，被看作可度量的概念。我们可以用比特和字节对信息进行计量、传送、接收、存储。信息就像物品一样，被我们从一个地方转移到另一个地方。然而，随着量子科学的发展，信息的内涵已经发生了很大改变。信息不再是过去我们熟悉的有限的、可计算、可通过电子邮件传递的

"物件"。在量子物理的进化与秩序理论中，信息是动态变化的核心要素，离开信息，生命将无法产生任何新的东西。所以，领导者如果想要在管理中建立新的秩序，信息管理是绝对不可或缺的重要工作。

在充满变化与不确定性的动态世界里，信息发挥着非常重要的作用，信息是无形的参与者，直到它呈现出实物形态时，我们才能看到它。一个企业组织要想保持活力，就需要不断地进行信息传递；组织系统若想持续发展，也必须不断地产生信息。如果没有新的信息产生或者信息沟通不畅，那么，企业最终的结果必然是灭亡。

企业是开放的系统，与其他生命体一样都是按照自组织动力学原理运转的。因此，信息也具有组织功能。为了让我们的企业组织拥有自组织的能力，领导者需要对信息进行管理，建立更为自由的信息获取途径，以便能够灵敏地捕捉到新信息。

当我们的组织系统能够捕捉信息并迅速做出反应，那么，我们的系统就具有了一定的智能。这里所说的智能，指的是任何一个实体，如果能够产生和获取信息，并利用信息进行反馈和自动调节，这个实体就具有智能。从量子管理的角度来看，组织智能不仅存在于少数专家和领导者身上，其更是整个系统的能力，这种能力决定了组织如何向新的信息开放，以及这些信息如何能让组织中的所有人都给出自己的有效解释。

量子思维模式让我们认识到，智慧是分布在整个组织内的，为他人提供真实可靠、具有价值的信息是我们的义务。在信息的帮助下，每个人都能更加从容地应对自己领域内的问题和困扰。过去，领导者需要亲自出面逐一解决问题，结果可能还不尽如人意。当量子领导者对信息进行科学有效的管理之后，他们不用再出面解决问题，也不用再沿着受限的渠道谨慎小心地传递信息。

随着网络技术和智能硬件设备的发展，我们不难看出开放的信息有多大的作用，这些信息不仅丰富了我们的视野，同时也改变了我们的生活方式。互联网让我们可以浏览到过去只有少数人才能看到的信息。不妨回想一下自己通过网络已经掌握了多少信息。

面对如此多的信息，人们往往刚开始会感到力不从心，感到非常困惑和不解，他们不知道应该如何搞清楚这些信息的意义与价值。然而，随着信息的不断丰富和混乱状态的进一步发展，组织系统最终将通过自组织，在分析全部信息的基础上，设计出组织未来的蓝图。

在整个组织系统中，领导者要努力创造条件，让每个员工都能充分共享信息，减少对信息的控制行为，让信息实现自由流动。过去，领导者是信息技术或信息管理系统的管理者和守护者，不让某些人访问信息，或预先确定哪些人需要哪些信息。现在，领导者应该建立灵活的信息访问和信息反馈机制，相信组织成员对信息的判断力，因为他们对自己的工作最了解，也知道组织或团队的目标是什么。限制信息流动并谨慎地对信息进行保护，并不能成为优秀的领导者。

一个企业组织如果想在学习中持续不断强大，必须敢于正视与它过去的观点和实践不一致的信息。一个企业组织想要实现长久的可持续发展，就必须找出非比寻常的信息，这些信息也许是令人惊讶的，也许是不合人意的，甚至是让人厌恶的。但是，领导者必须支持大家对这些信息进行思索，让他们有时间思考信息背后的价值与意义。因为，思考信息的过程往往会产生新的信息，而且人们从信息中也可以读到新的含义，这样组织也就拥有了新的智慧。

在信息爆炸式增长的今天，面对海量信息是每个人都会遇到的困扰。不可否认，技术能够帮助我们获取大量的信息，但在处理信息方面，我们还有很大的提升空间。在管理运营企业时，领导者需要尝试一些新的思维过程，这些过程是开放的、非线性的、杂乱的。通过这些思考你可以学到处理海量信息的新方法，同时你也能意识到，信息对运营管理绝对是必不可少的。

最后我想说，作为量子管理者，怎样管理并有效利用信息才能让企业更有智慧呢？一直以来，思考都是领导者的一项重要技能，而要发挥信息的价值，领导者就要让大多数员工同样具备理解思考复杂信息的能力。过去，只需要领导掌握信息和具有思考能力。现在，领导者需要培养员工掌握信息、思考问题的能力。

第10章

量子领导的内在智能系统

关注潜意识能量，发现
"灵商"的力量

20 世纪末，科学家对量子力学等新科学的研究显示：人类在智商、情商之外还存在第三类"商"——灵商。

灵商（Spiritual Intelligence Quotient，SQ），即心灵智力，灵感智商，就是对事物本质的灵感、顿悟能力和直觉思维能力。灵商的概念源自 20 世纪 90 年代，当时丹尼尔·戈尔曼开始推广许多来自神经学专家和心理学家的研究成果。他们的研究成果显示了情感智力的存在，作为一种方便而简略的表达方式，人们将它称作灵商。2001年，伊恩·马歇尔夫妇合著的《灵商：人的终极智力》一书在中国出版，我们才有机会接触到灵商这一新概念。

心灵的定义为：生机或生命的本源；它赋予有机体以生命，与其他物质因素形成对照；生命的气息。人类作为一种心灵动物，总是被一种需要所驱使，而这就需要解答一些基本的或者终极的问题。例如，我们为什么出生？生命的意义是什么？当我们感到疲倦、难过、沮丧时，为什么还要继续向前？

事实上，我们已经被限定，被人类自己所作所为和经济中寻找意义和价值的渴望所驱动。每个人都渴望在某个较为广阔的、富有意义的环境里看待自己的生活，无论是家庭，还是其他团队机构，又或者是我们从事的工作。每个人都渴望有什么可以让自己追求，有什么可以让自己超越，有什么可以赋予自己的行动以价值感。一些人类学家和神经生物学家认为，正是出于这种对意义的渴望，以及意义所带来的价值演变，让人类在200

万年前第一次走出丛林。他们认为，对意义的需求导致了符号的创造，导致了语言的演变进化，导致了人类大脑不同寻常的发育生长，而这种提供解决有意义价值的渴望，这种不断提供意义的环境安排我们的行动和生活的力量，就是灵感的力量。

智商、情商与灵商

机器具有高智商，它们知道如何按规则行动，并且能够遵循规则；动物具有高情商，它们具有对环境的情景感觉，并且知道如何做出适当反应。但是，机器与动物都不会询问为什么自己要拥有这些规则或这个情景，它们只能在界限内工作。灵商给了人类创造的能力，去改变规则和改变情景。灵商赋予我们辨别的能力，让我们拥有道德感，让我们拥有可以随着理解和同情使刚性的规则变得柔软的能力。

心理学家将人脑的意识分为显意识和潜意识两部分。一般情况下，人们往往容易忽视潜意识的巨大能量，可事实上它却发挥了巨大的作用。在紧要关头，那些随机应变、急中生智的人，很明显就是拥有较高灵商的人。管理学有一句名言："智力比知识重要，素质比智力更重要，觉悟比素质更重要。"由此可见，在强调智商、情商的同时，我们应该发挥灵商的力量，提高自身的觉悟性。

灵商的领导力的影响

量子力学之父普朗克认为，富有创造性的科学家必须具有鲜明的直觉想象力。无论是阿基米德从洗澡中获得灵感最终发现了浮力定律，还是牛顿从掉下来的苹果中得到启发，从而发现万有引力定律，又或是凯库勒关于蛇首尾相连的梦帮助其发现苯环结构，这些科学史上的巨大成就都是灵商飞跃的不朽见证。

值得一提的是，灵感智商并不是大科学家、大艺术家与大发明家的专利，企业领导者只要运用得当，也能在管理中发挥灵商的力量。要知道灵商是建立在马斯洛需求层次的第六层上的。资料显示，1959年之后，马斯洛对东方文化的研究让他开始反思自己创建的人性观，此时，他发现在"自我实现"这一人性需求上，人类天性中还存在固有的精神维度，那就是精神的自我超越需求。马斯洛感到五层需求的层次架构不够完整，自我实现并不能称为人的终极目标。他意识到，一味强调自我实现的层次，往往会导致不健康的个人主义。马斯洛试着用不同的词汇来表述他新发现的人类天性中的这一最高需求，例如，超越、超越自我、天人合一等，并将"高峰体验"与"高原经验"放在这一层次上。最后，医学家马歇尔将马斯洛需求层次第六层描述为"自我超越的需求"。

《量子领导者》作者丹娜·左哈尔基于马斯洛需求层次第六层对灵商作出了更深入的解读。在左哈尔看来，领导者应该开发员工对事物本质的灵感，让员工有顿悟能力和知觉思维能力。量子组织需要激发人的创造性与创新性，要鼓励员工追求第六层次的需求而不是第五层次，而只有超越第五层次的"自我实现"，才能真正激发人们创新的内在动力系统。从这个角度来看，量子组织的激励体系、分配体系，应该更多地关注员工的体验，帮助员工实现内在的灵性成长，让他们有成就感，让他们实现自我超越，更好地发挥"灵商"的潜在力量。

如何修炼灵商

一般来讲，灵商思维往往表现为一种潜意识过程。由于思维过程和概念运动不是连续的和一致的，在很大程度上只能任其自然，因此，人们很难对它进行控制和引导，寻找出思维对象的来龙去脉。但是，许多科学家、发明家和艺术家都认为，灵感会在一定的特殊环境下出现。由此可见，灵感的先天性很重要，但先天并不能决定全部，后天的修炼也相当重要。接下来，我们就来学习如何后天修炼灵商。

❖ 尝试用新角度看待问题

以新的视角看待问题，能够帮助我们得到新的理解，并做出与常规思维不一样的行为决策。一般来讲，常规思维会限制我们的视野，尤其在遇到挫折困难时，常规思维使我们无法摆脱困扰，除了造成心理上的困扰，还会导致行为上的偏差。因此，我们要从生活自身的逻辑出发，学会变通进取，以全新的角度看待问题，从失败中不断总结经验，产生创造性的改变。

◈　不断获取更有价值的知识

能否持续地保持高效学习的能力是动态衡量人才质量高低的重要标准。人们可以通过学习开发大脑潜力，吸收有价值的信息和资讯。事实证明，无论是企业还是个人，只要通过修炼，都能在原有基础上重新焕发活力。提高学习力，读书是一种有效的方法。练好"内功"，提高自身的素质和修养，也有益于身心健康，这是古今能人共同追求的目标。

在此要提醒大家的是，学习必须跟成功者在一起，模仿成功者的精神，复制成功者的心序。模仿是通往卓越的捷径。如果看见别人做出令人心羡的成就，那么，你愿意付出时间和努力的代价，也能做出相同的结果来。有效学习的基本理念之一，就是从他人的成功里汲取好的经验。

◈　不断提升领悟能力

海尔集团首席执行官张瑞敏说："人生最重要的是

悟性和韧性。"灵商高的人可以在工作中明白更多道理，感悟到书本上学不到的东西。在工作与生活中，持续不断思考的过程，可以帮助我们实现一次灵感的飞跃。

地球上所有生物中，只有人类具有思考、分析、储存知识、发展智慧、将知识进行整合的能力。然而，迄今为止人类开发出的智力活动却只占人脑能量的很小一部分。科学家认为，一个人的脑细胞总量超过 150 亿，而人穷其一生只会用到其中的百分之几，像爱因斯坦、苏格拉底和爱迪生这样的天才，他们也只用了不到 10% 的脑力。人类的智慧仍然存在着无限可待开发的潜力。因此，灵商、悟性以及其他能力，都可以通过有计划的训练获得提高。

❖ 时刻保持危机意识

未雨绸缪是一种非常必要的思维习惯。因为未来是不可预测的，人也不是天天都会交上好运。所以，我们要在心理上和行动上有所准备，应对突如其来的变化。当我们具备了危机意识时，也许并不能将问题彻底解决，却可以把出差错的概率降低。高灵商的人，永远知道在顺境中为自己找一条退路，在逆境中为自己找一条出路，谨慎行事，时时如履薄冰。所以说，时刻保持危机意识，可以更好地激发灵感。

释放个体天性，发挥"能量球"的效应

从量子管理思维的角度来看，组织系统中每一个成员都是一个量子，都是一个"能量球"。量子力学主张世界是由"能量球"组成的，当"能量球"相互碰撞后，它们不会弹开，反而会融合为一，不同的能量也因此产生难以预测的组合变化，从而衍生出各式各样的新事物，碰撞出强大的潜在力量。在量子时代，领导者应该清楚地看到，个人与个体之间的充分连接与交互，有可能创造出难以预测的创造力和灵感级的群体智慧。

谷歌拥有全球市场占有率最高的安卓手机系统，并开发出了战胜人类围棋选手的阿尔法狗，推出了谷歌眼镜、无人驾驶汽车、虚拟现实等一系列创新的智能硬件产品。谷歌创新不仅是产品的炫酷。公开资料显示：

2014 年，谷歌还组建了专门团队试图开发超级量子计算机，随着量子技术取得的突破，人工智能、金融服务、机器学习以及其他行业都将受益匪浅……

谷歌在商业领域上的创新是显然易见的，而支撑谷歌在创新路上持续不断前进的则是谷歌的每个员工都能像"能量球"一样，不断地释放潜能、发挥创意，"由下而上"地为公司注入源源不断的动力。接下来我们就以谷歌为例，看看如何更好地释放员工的天性，充分发挥每个"能量球"的能量。

改变世界的愿景，营造了不起的文化

谷歌的愿景是整合全球信息，使人人皆可访问并从中受益。这也是拉里·佩奇与谢尔盖·布林创立谷歌的初衷。在谷歌成为搜索市场的龙头企业之后，并没有止步。谷歌将巨额利润视作实现目标的附属品，它的最终目标是通过科技提高人类的生活品质，使人类生活更幸福，推动人类文明的进步。为此，谷歌研究与搜索引擎毫无关系，却会引领人类未来发展的项目，比如，无人驾驶技术、智能机器等。

谷歌改变世界的愿景，为企业营造了了不起的文化氛围。在谷歌工作，员工不只是为了生存，而是为了人类的福祉，这赋予了工作更高的意义，让谷歌员工与公司使命紧密地联系在一起。

透明办公，减少不必要的摩擦

量子力学讲求关联，在量子世界里，每个人都有紧密的联系，每个人都知道自己应该做什么，而同时又能相互帮助。要到这一点，透明就是不可或缺的元素。为了创造自由开放的环境，做到真正的透明，谷歌的工程师能看到所有产品、服务的代码库，就连刚入职的工程师都是如此。不仅是代码库，企业内网中所有产品路线图、产品上市计划、员工每周状况报告以及员工、团队的季度目标，每个谷歌人都能查阅。

在谷歌，高度开放使每个人都能了解公司状况，从而避免因为不知情而重复劳动，而信息分享也能让每个谷歌人清楚不同团队的目标差异，避免内部盲目地竞争。此外，公开信息也可以向员工证明公司对他们的信任，从而使员工更高效地完成工作。

适当放权，给员工一定的话语权

量子领导者应该将员工看作"能量球"，只要激活这个"能量球"，就能爆发出巨大能量，而这需要给员工充分的话语权和决策权。在这一点上，谷歌与量子管理思维可谓不谋而合。

谷歌相信员工，不仅信任他们的判断力，给他们发言权，还让他们参与公司的运营与决策。谷歌在业务或者技术方向的决定中，每一个人都要依靠数据来支持自己的论点，没有人有更高的话语权。如果数据相当，谁也说服不了谁，才由上级来打破僵局，如果上级也不能裁定，就会上报给更高的层级，直到最后上报给拉里，由他做出决定。

自由创新，让员工塑造自己的工作

为了让员工能够塑造属于自己的工作，谷歌给了他们异乎寻常的自由度。谷歌实行 20% 的时间项目，即每位工程师每周可以用 20% 的时间用于研究日常工作之外感兴趣的项目，不过这些项目大体上要与谷歌的工作相关联。

Chrome 团队的产品管理副总裁凯撒·桑古塔在 2009 年的日常工作是负责谷歌工具栏和谷歌桌面的运行。Chrome 团队开始设计自己的浏览器时，凯撒和几位工程师在想：如果将 Chrome 的设计应用到操作系统上会怎样？

当时，电脑启动需要五分钟甚至更长的时间，部分原因在于开机时会检查一些没人使用的旧式设备。凯撒与团队成员一起开启了一项非正式的 20% 时间项目，希望能改善现状。他们删掉了所有不必要的步骤，建立起 Chrome 浏览器平台，创造了 Chromebook 笔记本电脑的原型——启动时间只有 8 秒钟。

谷歌的运营管理模式再次证明，领导者的命令是无法逼出创新力的，但企业可以营造一种文化氛围并建设合适的基础设施提高员工的创新力和创造力。自由创新的前提是，给员工最大限度的自由。这样，员工将会给公司带来意想不到的惊喜。那么，作为量子领导者，我们应该如何在组织内部释放员工的天性，让员工爆发小宇宙，更好地发挥"能量球"的能量呢？接下来，为大家介绍几种激活员工"能量球"的方法。

方法一：精神与物质激励相结合

物质激励和荣誉激励必须相结合。物质激励见效很快，每个月要评选出优秀员工，通过绩效分的高低来评选并进行物质激励，比如，奖励第一名 500~1000 元，根据公司的财务状况来定。这些小钱虽然不多，但却是物质方面的一种激励。同时也要做荣誉方面的激励，比如授予员工"优秀员工"这个称号，并在公司里建光荣榜。

方法二：给予一对一的指导

指导意味着在乎员工的发展，而主管人员花费的仅仅是时间。但这些花费的时间传递给员工的信息却是你非常在乎他们！而且，对于员工来说，他们并不在乎上级能教多少工作技巧，而在乎上级究竟有多关注他们。

无论何时，指导的重点都是肯定的反馈，在公众面前指导更是如此。在公共场合要认可并鼓励员工，这对附近看得见、听得清所发生的事的其他人来说会起到一个自然的激励作用。

方法三：授权激励

授权是一种十分有效的激励方式。授权可以让下属感到自己担当大任，感觉自己受到了重视和尊重，感到自己与众不同，感到了上司的偏爱和重用。在这种心理作用下，被授权的下属自然会激发巨大的潜力，甚至两肋插刀、赴汤蹈火也在所不辞。

方法四：树立榜样

标杆学习是经理人团队领导的一个重要武器。榜样的力量是无穷的，通过树立榜样，可以促进群体的每位成员的学习积极性。虽然这个办法有些陈旧，但实用性很强。一个坏员工可以让大家学坏，一个优秀的员工也可以改善群体的工作风气。树立榜样的方法有很多，例如设立日榜、周榜、月榜、季榜、年榜，还可以设立单项奖或综合奖，如创新奖、总经理特别奖等。

方法五：提供机会

目前，按照资历提拔员工的公司数不胜数。专家认为，靠资历提拔员工并不能鼓励员工创造业绩，甚至会让员工产生怠惰心理。相反的，当主管用业绩说话，按业绩提拔绩效优异的员工时，才能达到鼓舞员工追求卓越表现的目的。

方法六：学会倾听

倾听和讲话一样具有说服力。主管应该多多倾听员工的想法，并让员工共同参与工作决策。当主管与员工建立了坦诚交流、双向信息共享的机制时，这种共同决策衍生的激励效果，将会更为显著。

量子领导力提倡的管理模式不是传统的控制，而是讲求赋能，释放员工天性。在充满不确定性、无章可循的量子时代，领导者应该抛弃牛顿力学时期的管理经验，敢于挑战权威，大胆创新，而这就要求领导者充分授权，同时采取扁平化、自上而下的组织结构，充分释放每个员工的"能量球"，让组织系统内的每个人都有机会将创意发挥到极致。

附录

附录1

量子组织的十大特点

特点	描述
自组织	系统的内部沉睡着一种深层次秩序，但这个秩序是一种潜在可能，当系统的自组织和环境对话时，该秩序可以接纳系统选择采用的任何形式
有限的不稳定性	系统仅存在于混沌的边缘，恰好落在有序与混沌之间的不稳定区域里，我们将之描述为"远离平衡"。如果该系统完全不稳定，它会瓦解并陷入混沌；如果完全有序，就会变得死板且不能自适应
涌现性	系统比系统内各部分相加之和更"大"。整体有着单个部分所不具有的性能与素质，只有在系统适应环境并随之进化时，整体才会具有涌现性
整体性	系统没有内边界，也没有可辨识的独立部分。每个部分和所有其他部分相互纠缠、相互影响。部分是通过互相之间和与环境之间的关系来进行内部定义的

量子领导力

特点	描述
自适应	系统不仅会一边运作一边学习，还会在探索未来时重新创造自身。这种对环境内部敏感的适应性是包含在与环境相互创造中的
进化突变	突变在系统未来最终涌现的结构中发挥着创造性作用
可被外部控制破坏	系统脆弱地维持内部的秩序和平衡，当外界试图施加控制时系统就会被破坏。系统的自组织会崩塌，然后系统会恢复成简单或复杂的牛顿式系统
探索性	系统不断探索可能的未来发展，并在探索中创建自身
重构环境	系统会在重构其环境的边界与质量时重新组织内在发展
在混沌中保持秩序	系统会从混沌中创造秩序，产生"负熵"。它会给无形或无结构领域带来新形式。还会创造新秩序，继而创造新信息

附录 2

量子变革的十二原则

原则	描述
自我意识	我们生活在一个非常自我的文化中，但是却没有什么自我意识。了解内心深处的价值观和目标是灵商的重要内容，它能够使我们掌控动机
自发性	自发性这个单词与"回应""责任"有着相同的拉丁语词根，有高度自发性意味着对于此时此刻及时回应，并且对后果承担责任。这意味着一个人有勇气将自己投入当下。想要拥有自发性，必须卸下防备，展示自身柔弱和真实的一面。与自发性的精神维度接触——接受生活中的一切可能性，乐于成为真正的自己，这需要对生活、对自己深深信任，信任自己有内心的权威和内心指南针的引导
愿景及价值引导	价值观像是能量量子群，它使得一切事物得以发生。我们内心最深层次的价值观将自己定义为人类，也为一些组织和社会奠定基础，而这些组织和社会将会使得我们的潜力得以充分发挥
整体性	具有整体性思维的人极其依赖直觉，这本身就是一种最初对于模式、关系和相关性的前逻辑感知

量子领导力

原则	描述
同理心	在拉丁语中，同理心的字面意义是"对什么的感受"，同理心不单纯是了解他人的感受，它是一种深度的情感共鸣，感受别人的感受。真正的同理心是对万物的同情，哪怕它是一粒微尘。真正的同理心需要有勇气变得脆弱，拥有自己脆弱的一面。对他人的同理心通常被对方的脆弱唤起，当然是以一种健康的形式。 在英文中，热情这个词被包含在同理心中，如果对某个人某件事感同身受，就会充满热情
拥抱多样性	真正的多样性意味着热爱或者珍视别人不同的观点，而不是鄙视。这意味着把不同视为机会。拥抱多样性意味着理解一个问题或者推导一个策略的最佳方式，是尽最大可能得到关于这件事的尽量多的观点
场独立性	这是个心理术语，指的是能够打破自己之前的思维定势，坚定自己的信念，即使它会让自己变得孤立起来
刨根问底，用于质疑	提出一个好问题需要的是乐于质疑自己和别人的猜想、价值观以及做事方法。当然，这需要谦逊，养成那个习惯，永远去追求现有事物背后有什么，永远要喜欢好的问题而不是好的答案
重建框架	跳出某个情境、建议、策略或问题，着眼于全局，以更长期的视角考量一项策略。对问题（或机遇）进行框架转换，最关键的阻碍可能源于我们自身的思维方式。因为大多数人总是存在思维定势和一系列的臆断，意识到这个事实，然后去打破思维定势，这可以将我们带离舒适区
积极利用挫折	对逆境的积极利用需要强大的性格，这也是政治塑造性格的唯一因素。更微妙的是，对逆境的积极利用需要我们有一种悲观的认知，不是所有的问题都能得到解决，不是所有的分歧都能得到弥合，但坚持不懈的能力是不变的

续表

原则	描述
谦逊	谦逊是灵商的第一大变革性特征，让我们不再沉溺于自我，不再妄自尊大，使我们可以开放地向他人和向经验学习。从精神层面上讲，谦逊带给我们真正的自尊，这种自尊的来源比纯粹的自我更加深刻，因为超越了纯粹的自我
使命感	作为灵商的一种，使命感是一种更高的服务奉献精神，就是让这个世界变得更加美好。使命感追求特定的人生道路，达成深刻的个人（或超脱于个人之上的）目标，实践内心深处的理想和价值

参考文献

［1］丹娜·左哈尔. 量子领导者［M］. 杨壮，施诺译. 北京：机械工业出版社，2016.

［2］布莱恩·克莱格. 量子纠缠［M］. 刘先珍译. 重庆：重庆出版社，2011.

［3］迈克尔·S. 沃克. 量子世界的发现之旅［M］. 李婕译. 北京：中信出版社，2019.

［4］吴今培. 量子概论——神奇的量子世界之旅［M］. 北京：清华大学出版社，2019.

［5］布莱恩·克劳斯，杰夫·福修. 量子宇宙［M］. 伍义生，余瑾译. 重庆：重庆出版社，2013.

［6］约翰·C. 马克斯维尔. 领导力21法则［M］. 上海：文汇出版社，2017.

［7］詹姆斯·M. 库泽斯，巴里·Z. 波斯纳. 领导力：如何在组织中成就卓越（第六版）［M］. 北京：电子工业出版社，2018.

后 记

量子领导力将引领
新商业模式下的全新领导力

世界著名管理大师拉姆·查兰曾经说过，面对当今时代的结构性、不确定性，要想引领企业走向成功，需要全新的领导力。过去的常规套路已经无法适应当今时代的需求，需要企业领导者彻底改变思路，全面更新自己。

在复杂多变的今天，越来越多的企业开始出现这样的困扰：过去宏大的十年规划、五年规划，甚至三年规划，如今已经不再适用了；年初做出的决策，到了年底只有少数项目得以实施，甚至还出现了大翻盘；上个月刚招进来的员工，不到一个月就辞职走了……事实证明，过去一成不变的组织结构，在新科学、新技术的冲击下，正在悄然改变整个商业世界，而这一切都意味着时代的更迭。

在快速变化发展的环境下，管理进入了一个不确定的时代。过去传统的管理思想，通过规则和定律来固化领导者的行为，消除了变化和不确定性。然而，企业面临的外部环境是千变万化的，市场也是难以预测的，而企业从来就不是一个固定不变的堡垒，而是一个动态组织，这就同样要求领导者做出改变。如今，在充满不确定的时代，"黑天鹅"事件层出不穷，那么，领导者应该如何面对未知的、复杂的、不确定的未来呢？

领导者应该认识到，我们已经从牛顿物理时代进入了量子物理时代。量子物理兴起于20世纪初，这一科学理论致力于探索宇宙的起源与运行，它主张世界是由"能量球"组成的。"能量球"碰撞时不会弹开，反而会融合，不同的能量也因此产生难以预测的组合变化，衍生出各式各样的新事物。在量子物理学基础上，量子思维与量子管理体系开始生根发芽，并逐渐被管理学界熟知与认可。

关于牛顿思维与量子思维，丹娜·左哈尔曾表示：牛顿思维重视定律、法则和控制，强调"静态"和"不变"。量子思维重视的却是不确定性、潜力和机会，强调"动态"和"变化"。在新时代面前，领导者如果仍然用牛顿思维来管理，强调集权，员工只需听令行事，不能提出自己的意见，企业将陷入困境。为此，左哈尔强调，企业需要新的量子管理思维，将每个员工看作特殊的"能量球"，释放员工的能量，放手让他们发挥集体创意，"自下而上"地为企业注入源源不断的动力与活力。

领导者只有从传统的牛顿思维转变为量子思维成为真正的量子领导者，才能在充满变迁与不确定性的未来拥有一席之地。那么，量子领导力与传统领导力相比究竟有哪些不同之处？

❖　量子领导力具有不连续性

传统领导力认为，领导者的能力及行为是一个连续的职权，而量子领导力则让领导者的能力与行为是断续的，简单来讲，就是一种量子现象。在不同的领导活动中，由不同的人实施领导行为时，领导者的角色也随之发生转移。

举例来说，一个产品开发小组，在组长的主持下开始探讨有关产品开发的问题。当组员 A 提出一个合理的创意，并得到小组内其他成员的支持时，他就是这件事情的领导者；如果组员 B 提出一个更有建设性的意见，并得到大家的认可，领导者的位置将会转移到 B 身上。由此可见，量子领导者并不是拥有职权的人，而是对别人产生影响的人。

❖ 量子领导力具有不确定性

传统的领导管理非常重视事物的规范性和因果逻辑等关系，这就要求领导者在既定的规则和要求中保持组织系统的正常运转，并相信这种领导行为能带来既定的结果。因此，传统领导力具有规范性与逻辑性。量子领导力将领导者的行为推向了一个更深的层次，它认为领导行为具有不确定性、不可预测性。量子领导者在规则之外寻找解决问题的方法，并采取行动，赢得组织成员的认同与支持。

❖ 量子领导力具有相互作用

量子物理将自然看作一组相互联系的事物，而不是独立的、僵化的事物。所以，量子领导力认为，领导者的能力与行为应该理解为领导者与员工之间的相互作用，它是人与人之间的关系。与传统领导管理模式不同，量子领导者把员工放在与领导对等的位置上，认为二者都为企业的运行做出贡献，都是组织运行的必要参与者。

量子领导力认为，将领导者的领导行为理解为领导者与员工之间的相互作用是领悟量子领导力的关键。在传统的领导管理模式中，领导者是权力的象征，是依靠其职权对员工产生影响，而量子领导力则认为，这种以权力表现出来的观念限制了组织能量的发挥。所以说，量子领导力将领导者与员工的相互作用看作让组织机构运转的能量，而这种相互作用是基于二者相互信任和相互尊重产生的。

◈　量子领导力具有主观性

传统的领导管理模式常常用领导者的品质、行为、习惯来解释领导者的能力与行为，用条条框框对领导者进行僵化地规范。但这种所谓"客观性"的论述其实并不能揭示领导者的能力与行为。例如，员工对同一个领导者的决策做出不同的反应。有的员工认为领导者果断，是具有领导力的一种表现，而有的员工则认为领导者冷漠，不懂沟通，很难领导好企业。

量子领导力认为领导者的行为具有"主观性"，在其看来领导力的标准存在于领导者与员工的意识中，这种标准随不同的领导事件而不同，具有一定的动态性。只有当员工对领导者表示支持与拥护时，领导力才有意义。因此，量子领导力要求领导者关注员工的需求与目标，并努力让自己或员工做出调整，使双方频率一致，形成共振效果。因而，量子领导力是双方的主观性的"自我意识安排"。

在了解了量子领导力与传统领导力的区别之后，我们再来看看，当领导者将量子思维应用于企业的运营管理之后将发生什么。

首先，量子领导力将为领导者打开一个全新的视角。当领导者引入量子思维之后，他可以采用系统的、有机的、动态的观点更透彻地认识管理中遇到的问题。过去人们习惯性将领导力视作领导者的某些品质或个性，而量子领导力让我们有机会以更冷静、更深入的方法去看待管理的方式方法。

其次，随着赋能授权概念的兴起，通过组织内授权、淡化等级观念来激发组织成员主动性与创造性的新型组织类型不断涌现。新组织类型的崛起也要求领导者做出相应的变革，如将单纯的指挥、命令转变为协调、激发，而这恰好与量子领导力所提倡的激发组织能量吻合。由此可见，量子领导力更符合组织面临的日益突变的外部环境。

最后，在全新的时代、全新的商业模式下，量子领导力的重要性已经不言而喻。作为企业的领军者，领导者必须在充满不确定性的情况下，透过重重迷雾，为企业制定指导思想和战略，并且在复杂多变的环境中把握机遇，帮助组织抓住激烈竞争中的生存空间，将组织战略推向一个更高的领域，而这一切都要求领导者以量子领导力作为新的驱动力，帮助企业组织实现长久的可持续发展。